pocket book

Desafiando SUA MENTE

CAÇA-PALAVRAS BÍBLICO

No jogo de caça-palavras bíblico, você encontrará palavras extraídas da Bíblia como: parábolas, confiança, milagres, promessas, amparo, amor. É um passatempo com o objetivo de encontrar e circundar as palavras escondidas em uma grade de letras arranjadas aleatoriamente.

1ª Edição

Cotia 2020

001

K	M	Q	Q	T	N	K	W	M	E	C	I
B	A	J	F	E	E	X	L	U	D	G	R
Z	O	A	N	M	M	M	V	D	L	C	P
K	Y	B	E	S	P	A	S	O	L	O	R
G	Y	A	L	L	Q	N	C	A	D	O	R
N	K	P	X	P	N	Y	L	T	H	W	Z
T	T	A	S	P	W	A	Y	D	M	J	X
H	I	X	Y	I	P	F	A	Q	E	U	N
V	W	X	N	E	S	E	O	O	I	U	Z
U	Y	F	C	I	E	I	J	L	N	A	Q

ABA
CEPA
DOR
ELNAÃO
EMA
MUDO
NUN
SISI

002

J	E	U	D	I	I	M	A	O	M	V	S
Z	D	P	W	G	U	Z	Z	F	D	W	V
R	X	G	A	H	K	E	I	W	N	O	E
C	V	L	I	C	A	E	P	Y	Z	B	M
C	I	I	U	F	N	D	X	C	M	R	T
H	V	S	O	Y	N	O	A	B	M	A	I
K	Q	K	K	V	J	U	O	D	I	N	I
N	R	K	O	U	H	H	N	Y	A	O	K
Q	U	Z	I	Y	C	N	R	Y	X	F	H
M	Y	L	A	U	F	N	I	U	K	E	E

ADADA
JEUDI
MAI
MAOM
NOÉ
NOFE
OBRA
ONRI

003

X	L	A	O	D	I	C	E	N	S	E	S
R	E	Q	C	I	J	U	C	U	O	C	X
K	C	C	E	S	L	I	C	N	G	B	J
S	P	W	T	G	K	D	F	M	O	X	M
R	V	W	H	C	V	Y	U	A	C	I	R
P	J	L	U	D	A	U	U	Y	A	O	W
P	J	B	E	R	O	Y	C	W	J	M	K
D	P	B	O	Z	O	M	M	P	H	I	O
B	A	T	E	T	Y	G	C	G	K	O	E
M	I	B	G	R	T	U	Y	G	Z	Q	S

ABE
ACIR
AIM
CUS
ESLI
LAODICENSES
PAI
TORÁ

004

O	X	Z	D	B	S	X	S	Z	A	K	S
Z	B	X	M	S	A	L	M	O	J	B	A
G	R	A	V	A	D	O	U	T	H	P	N
M	A	X	D	X	E	X	R	H	W	T	T
V	O	L	C	I	Z	R	X	G	Y	B	I
B	L	Z	I	V	A	P	A	M	F	H	F
B	B	W	P	L	J	S	M	A	K	E	I
X	L	V	X	M	É	W	Ó	L	H	W	C
H	B	M	B	A	T	I	S	M	O	Y	A
X	H	Z	X	S	E	R	A	S	N	V	R

AMÓS
BATISMO
GALILÉIA
GRAVADO
MAL
OBADIAS
SALMO
SANTIFICAR

005

W	W	Q	J	G	V	Z	G	P	Q	I	O
J	H	I	L	D	E	B	R	A	N	D	O
L	X	T	A	J	J	O	V	A	W	B	E
X	B	F	A	U	E	Y	Q	U	G	Z	Z
V	A	U	N	R	N	F	A	L	C	H	C
I	B	R	A	E	M	A	N	T	O	K	A
D	U	G	B	X	B	K	M	X	A	U	D
A	N	E	I	I	E	F	W	L	D	E	I
X	A	A	G	T	X	C	R	M	U	N	R
V	C	C	A	R	B	U	N	C	U	L	O

ABI
ANI
CARBUNCULO
HILDEBRANDO

MANTO
URGE
VAEBE
VIDA

006

E	B	L	E	P	H	Q	B	Q	N	E	L
F	E	R	O	Q	C	O	W	I	H	X	H
U	I	P	I	X	U	S	P	X	F	F	I
O	F	D	N	B	C	V	P	C	U	N	V
E	A	Y	E	O	H	A	L	E	S	Q	I
C	K	A	Q	T	E	L	A	I	M	V	L
C	R	T	W	V	T	D	Y	E	D	U	I
K	E	Y	I	N	A	C	O	R	Z	B	R
T	V	V	A	Y	X	G	P	A	R	A	U
C	S	D	F	G	J	J	Y	I	J	O	M

AZUL
CUCHE
IJOM
NACOR

OSVALD
PARÃ
TELAIM
UEL

007

D	I	L	A	T	A	R	M	J	Q	B	J
J	J	I	S	I	W	E	Y	D	Q	S	Y
T	G	M	C	A	T	I	V	E	I	R	O
F	S	G	E	W	R	U	L	C	Y	P	F
Q	A	N	S	G	T	R	Z	D	E	C	O
J	S	D	X	N	Y	S	J	B	U	Y	V
H	H	H	C	C	S	A	U	P	L	L	Z
S	S	B	A	A	L	T	K	D	L	G	W
P	E	O	H	M	I	M	Y	Q	Y	U	L
Y	M	Q	I	A	G	E	B	A	L	I	E

AITUBE
BAAL
CAMA
CATIVEIRO
DILATAR
GEBAL
GIA
MOACYR

008

B	J	M	E	W	J	D	L	M	I	Y	F
C	Z	N	N	X	E	W	C	L	A	U	E
S	X	R	V	M	Z	G	W	E	S	R	N
P	O	Q	F	A	G	O	R	O	C	Y	Z
Q	T	F	N	A	O	A	P	I	O	S	R
B	W	W	H	Z	R	U	J	H	V	A	L
A	S	L	V	A	P	Q	Q	A	I	A	N
N	J	E	T	R	O	Z	Y	R	L	B	N
S	Z	I	T	R	A	O	K	R	W	I	I
H	C	J	Z	E	M	A	Q	Z	O	M	P

CÍTARA
COVIL
FAGOR
ITRA
IVAN
JETRO
SAABIM
ZOÃ

009

O	E	U	T	A	R	Y	Y	R	I	N	E
A	H	I	A	O	W	E	P	J	G	F	V
P	H	J	E	Z	O	A	R	W	C	D	R
T	F	I	S	W	O	J	I	O	Y	W	O
M	Z	M	R	M	Q	R	W	R	J	F	H
Q	Y	A	X	R	H	M	L	L	G	D	S
L	A	L	J	X	E	E	T	Q	J	I	I
K	K	A	P	O	V	S	G	Z	B	V	S
P	N	H	X	U	E	U	D	E	E	A	B
Q	W	I	Y	D	R	A	D	L	L	E	K

AHI
DIVA
HEGEL
IJIM
JEZOAR
LEVI
PUR
SUÃ

010

N	A	O	T	I	R	A	I	V	M	Y	V
L	E	P	H	B	Y	U	C	X	A	F	P
D	K	F	M	J	G	A	A	O	V	S	K
Z	K	V	O	A	L	U	B	X	D	V	A
T	L	D	H	I	A	M	O	I	I	A	B
P	Z	K	B	B	Q	Q	P	S	M	C	T
C	V	E	M	C	V	C	T	X	N	Y	A
G	I	O	I	H	J	W	D	S	A	P	R
K	M	A	C	N	A	D	B	A	I	R	T
M	N	X	C	U	R	Z	A	F	E	U	A

ACO
ASA
BILA
DIMNA
HAGUI
ICABÔ
MACNADBAI
TARTA

011

J	Z	L	Q	M	M	V	F	N	A	C	G
U	D	U	D	A	H	R	A	S	P	V	T
U	T	H	L	X	C	U	E	W	K	I	U
O	J	E	E	M	B	O	R	C	A	R	E
S	O	W	S	K	F	V	J	K	C	H	M
T	A	A	I	M	C	I	X	E	E	J	V
S	N	B	U	U	I	C	R	F	O	K	M
M	Y	I	E	R	H	R	X	T	T	I	Y
Z	Q	X	S	U	E	E	N	U	H	D	I
G	B	R	O	Q	S	A	K	A	D	O	L

AUREA
ELAM
EMBORCAR
ESÃ
ESMIRNA
HIM
IDO
SABEUS

012

F	B	M	C	X	I	K	R	J	R	P	H
Z	A	Z	S	I	J	P	A	C	A	W	T
L	N	E	P	S	E	R	O	M	W	R	V
H	I	D	C	R	T	J	S	N	R	V	I
A	R	E	V	P	P	I	A	A	Z	N	I
M	F	L	H	S	F	R	G	S	U	E	L
U	Y	X	Y	N	O	O	S	Y	V	Z	F
D	R	D	E	K	R	E	Z	H	U	P	A
V	A	M	H	B	Z	K	Y	H	J	E	U
T	I	B	A	E	E	H	W	T	K	O	V

AB-ROGAR
ACÃ
BANIR
HUPA
JEÚ
MÊNFIS
SEROM
UNÍ

013

Q	E	F	X	O	C	H	E	B	F	M	X
D	L	W	N	M	A	K	F	O	P	L	K
V	R	U	I	M	K	O	A	E	W	I	F
F	G	A	T	P	P	C	G	R	E	G	F
T	W	I	D	W	F	A	L	E	T	E	C
M	R	W	I	F	G	H	O	G	L	A	W
L	P	U	M	H	A	O	M	T	J	L	I
F	B	S	O	V	X	V	K	U	D	C	X
A	I	R	M	B	E	S	A	I	E	F	O
T	V	P	W	B	W	O	Z	L	K	P	Q

AVA
BESAI
DIMOM
FALETE
HOGLA
IGEAL
LECI
RITMA

014

S	U	Z	X	O	U	M	E	I	D	A	C
Y	G	Q	A	A	I	R	L	T	D	M	H
U	L	S	Q	H	T	M	I	D	I	M	N
E	B	A	W	E	Q	R	C	G	A	V	Z
I	T	F	P	Z	U	L	A	R	D	C	S
N	C	P	U	N	E	X	B	G	A	C	Q
A	Q	O	L	R	U	Z	G	V	Y	E	T
N	A	I	E	Q	Z	V	N	I	U	I	Y
Z	G	I	C	T	D	H	N	P	V	F	E
S	H	C	A	P	V	A	S	O	S	A	B

CEIFA
ELICA
IBSÃO
LECA
MEIDA
MIDIM
URI
VASO

015

O	U	D	D	D	T	K	R	T	N	S	F
K	R	R	Y	H	I	A	A	D	E	B	P
M	N	D	X	A	Y	F	N	S	R	W	E
Y	A	J	W	I	S	N	N	N	J	U	B
S	R	T	X	P	M	E	N	K	A	C	I
W	N	M	A	M	P	M	T	B	A	A	H
Y	Y	A	M	I	S	F	W	R	D	O	D
F	V	K	L	W	Z	B	H	A	O	L	L
U	Q	E	T	K	E	I	B	R	I	N	G
X	F	Y	T	Z	T	P	M	A	R	I	U

ADA
ANNA
ARI
FELIPENSES
IBRÍ
IYAR
MATÃ
ONU

016

B	Q	T	C	T	L	A	U	P	M	H	Y
O	V	N	R	S	V	B	H	C	I	R	O
X	E	L	L	R	J	L	E	M	A	U	S
U	B	J	I	S	T	K	G	R	J	R	S
P	Z	X	L	H	A	H	K	Z	C	I	M
T	W	J	I	K	F	L	B	C	B	A	Q
U	Z	Q	T	M	S	X	W	M	R	S	Q
K	Z	W	E	D	C	D	B	F	W	R	T
T	O	N	R	A	A	B	E	Y	Y	M	M
I	Q	R	F	H	U	Y	I	M	E	N	E

CIRO
EFRA
EMAÚS
LILITE
MENE
RAABE
SAL
URIAS

017

M	W	U	P	K	A	R	I	N	A	X	I
H	P	H	J	M	L	W	A	R	A	R	A
A	M	I	D	O	H	H	A	O	E	S	N
J	N	M	O	B	E	M	D	Q	O	I	B
Z	T	Y	C	K	U	A	D	A	C	E	E
C	B	N	N	R	L	C	C	A	L	M	J
A	F	A	R	I	D	E	Z	A	G	W	B
Q	S	E	X	J	L	L	T	I	S	O	J
A	V	E	D	E	Z	C	M	A	O	W	M
O	M	L	B	V	W	C	U	T	E	M	A

ARARÁ
ARIDEZ
ÁVEDEZ
DAGOM
EXILADO
KARINA
TEMA
VERRUMAR

018

O	Y	T	N	U	W	P	F	Z	U	O	Q
S	S	K	M	E	R	A	J	K	D	M	T
U	A	C	I	J	Z	D	J	I	P	I	F
M	C	N	V	Q	G	I	C	T	H	Z	E
L	N	I	D	A	V	E	C	P	W	F	L
F	Z	Z	J	Y	R	P	P	A	A	I	Z
A	N	P	E	O	J	C	X	S	Y	S	C
Z	H	T	M	A	B	W	I	I	V	D	Q
T	K	S	A	L	R	R	X	M	F	Y	Q
W	E	A	I	Z	E	Y	K	A	R	K	Q

ADI
ASIMA
ERÍ
ESMORECIDO
EZI
JEMAI
SAFE
SANDY

019

P	B	I	I	T	V	A	G	M	J	O	G
U	B	A	G	E	L	Q	I	Y	M	M	C
F	W	H	J	P	J	H	Z	V	W	Q	K
H	D	J	D	E	A	I	E	E	L	O	H
M	H	A	U	R	O	T	J	Y	H	B	D
Q	H	N	B	S	V	S	X	Z	P	V	B
D	O	I	E	I	N	D	G	U	W	I	A
L	M	A	H	A	R	W	G	A	B	A	N
P	E	T	I	N	W	Y	N	E	T	S	E
P	M	J	M	O	I	J	B	P	G	R	L

ANEL
ANIA
DABIR
GABA
HOMEM
IBRAHIM
ÓBVIAS
PÉRSIA

020

F	S	N	Z	M	K	B	E	O	A	H	Q
G	P	F	W	G	O	S	L	V	G	P	R
N	Q	O	T	Y	V	E	E	R	A	A	W
Q	I	A	L	W	B	Z	R	H	R	L	Y
W	K	S	U	A	Q	E	T	U	G	U	Y
P	U	L	G	A	V	P	J	F	X	Z	T
W	Y	C	N	P	W	N	H	E	P	V	I
P	Y	U	E	Y	O	C	R	L	O	A	G
P	O	Q	W	C	D	B	Q	T	H	D	R
P	P	X	T	F	L	E	L	I	H	O	E

ADO
AGAR
CONJURAR
FELTI
GABELO
LUZ
MOER
TIGRE

021

R	A	A	K	C	T	J	A	R	O	A	C
L	R	D	V	V	Z	Y	L	O	U	C	O
T	I	O	I	Y	X	T	J	I	D	N	L
R	E	R	Q	B	X	A	B	L	I	E	T
J	T	A	G	L	K	H	P	H	Q	K	R
J	N	M	R	D	X	K	N	A	D	B	E
X	B	Y	X	K	M	X	Q	R	U	I	S
O	N	C	C	S	T	X	B	R	Q	L	Q
A	Z	I	I	B	H	R	D	E	K	N	A
Y	L	U	N	O	E	M	I	B	C	H	P

ADORAM
ARIET
HINO
ILHA
JAROA
LOUCO
NOEMI
PAULA

022

H	Z	P	X	S	Q	U	G	Y	X	H	E
E	A	B	E	I	G	I	H	U	K	D	F
R	G	F	W	N	B	Q	P	T	F	E	A
O	G	Q	W	A	A	H	Z	Q	V	L	S
D	G	H	T	I	M	E	U	S	G	I	P
I	A	L	O	V	S	E	E	K	C	A	A
A	Y	R	T	H	B	U	S	I	N	O	N
D	U	A	C	Y	Q	G	J	C	S	O	A
E	D	T	D	I	E	R	T	F	D	C	X
S	A	K	H	P	I	H	G	N	E	W	U

DARCI
ELIÃO
HERODÍADES
IQUES
PENA
SINAI
SOA
TIMEU

023

E	V	P	U	Z	I	Q	O	B	S	K	R
D	W	G	H	J	O	H	Q	I	I	C	H
L	H	M	I	N	F	L	U	B	M	S	E
K	U	D	I	Q	I	E	Y	Y	O	U	U
J	O	I	W	M	E	A	R	W	Z	I	T
I	D	W	S	A	D	H	N	C	U	V	E
H	U	L	K	A	E	X	U	E	P	B	B
O	O	I	P	E	V	A	H	L	T	A	N
P	C	D	T	A	S	Q	N	A	C	E	I
N	L	H	R	E	N	A	E	I	W	R	J

AER
ANETE
EDE
ENÃ
LUISA
PADA
RAV
TEBNI

024

C	L	O	X	K	Q	G	R	M	I	C	H
N	E	S	T	Z	S	J	Y	N	F	J	M
U	L	S	R	X	C	F	D	L	V	E	O
E	O	U	F	B	M	A	A	Z	Z	V	Z
Z	E	M	G	E	S	L	R	U	I	V	E
J	F	E	G	K	N	M	J	L	V	M	F
K	M	A	K	E	Q	O	F	R	A	I	A
J	M	V	B	O	T	Q	N	C	J	E	E
I	N	C	E	N	S	A	R	I	O	X	L
W	I	V	K	R	T	W	V	O	E	I	L

ADNI
FAU
IMAGEM
INCENSÁRIO
LAEL
OFRA
UZEM
ZIMA

025

M	S	P	O	L	H	B	F	J	C	F	L
A	C	O	R	I	F	P	P	F	I	F	A
G	Q	S	M	P	M	X	T	M	A	Q	Y
O	I	D	G	I	H	C	J	D	I	A	T
S	K	C	N	S	Z	Y	Y	O	W	V	R
A	L	A	M	O	L	P	N	E	G	W	I
Z	W	C	Z	W	Y	B	Z	N	A	V	B
V	U	H	N	B	E	V	U	G	E	D	U
L	E	A	I	Y	R	C	X	I	T	G	N
Z	F	O	Q	J	O	R	A	I	A	D	A

ÁLAMO
ANIM
DIA
GAETÃ
HÃO
JORAI
MAGOS
TRIBUNA

026

J	G	F	G	O	S	E	N	T	R	L	E
K	O	J	O	S	F	E	A	I	C	F	S
J	G	O	X	X	O	P	I	Y	Z	E	T
Z	W	A	B	Y	I	H	L	E	F	R	A
A	T	W	D	Z	D	P	U	Z	D	A	L
U	N	F	W	Y	S	M	Y	M	I	T	A
I	K	N	H	K	Q	O	Q	J	H	R	G
E	X	E	C	R	A	V	E	I	S	V	E
P	O	R	T	E	N	T	O	S	A	S	M
O	E	S	A	X	M	E	L	W	O	L	A

ESTALAGEM
EXECRÁVEIS
FERA
GÓSEN
JOA
MEL
OLA
PORTENTOSAS

027

B	F	T	M	O	B	L	H	S	D	J	Y
S	V	A	R	E	N	D	H	W	U	E	J
I	B	Z	V	Y	E	O	E	G	M	O	B
U	D	E	B	A	O	Q	E	Y	J	A	G
L	N	J	N	E	B	A	W	V	Z	D	V
I	A	U	S	E	U	R	A	B	L	A	M
Y	X	O	J	E	T	N	I	J	G	D	G
J	N	C	Y	T	A	G	E	Z	K	Y	P
G	F	K	D	Y	I	E	O	E	L	Q	V
I	N	D	Z	H	J	Z	J	A	N	R	H

AGÉ
BENE
FAVA
GOA
IBZÃ
JEOADA
NEVE
UTAI

028

Q	H	A	A	E	X	F	P	A	H	H	J
Q	W	W	R	S	U	Z	Z	N	C	C	E
A	R	S	I	T	D	U	E	Z	T	H	X
M	A	N	O	A	X	E	U	F	T	Z	H
G	A	Z	Q	N	I	C	P	J	I	V	A
C	Q	K	U	I	V	O	D	N	X	R	V
M	M	V	E	S	V	D	K	Q	F	E	P
I	A	G	N	L	L	J	T	R	A	G	W
U	D	H	W	A	W	Z	F	S	T	I	Y
K	T	O	P	U	M	I	N	A	M	O	W

AIO
ARIOQUE
ESTANISLAU
MANOÁ
MINAM
REGIO
UZÁ
ZEFI

029

D	J	P	J	W	Z	W	I	Z	P	A	N
O	D	F	K	O	L	A	I	I	D	U	D
V	B	L	L	H	L	R	M	R	O	T	V
K	G	N	S	E	E	B	A	L	R	Z	T
R	H	Z	I	B	Y	U	A	M	A	J	X
A	Q	R	B	A	G	I	H	A	F	B	K
R	E	A	D	A	D	I	X	P	R	M	H
J	U	S	T	I	F	I	C	A	C	A	O
A	U	E	Z	G	C	T	Z	E	K	C	N
C	R	E	F	E	R	E	N	D	A	D	O

BAARA
BERI
DORA
JERIEL
JUSTIFICAÇÃO
ONO
REFERENDADO
RETAGUARDA

030

W	C	U	Y	K	N	A	C	N	C	Y	G
E	P	A	K	J	O	C	L	O	A	U	P
O	I	C	I	N	V	T	U	F	Z	K	R
H	J	U	G	S	H	V	F	I	E	F	G
Z	Q	B	E	R	N	A	G	M	Z	C	V
O	A	E	C	G	V	P	L	A	L	L	S
R	V	W	T	A	S	I	C	H	L	O	E
V	Y	P	G	W	K	H	U	B	R	E	M
O	P	E	R	Q	J	T	I	V	E	H	O
H	S	A	M	U	A	M	U	D	A	P	Z

CAZEZ
CLOÉ
CUBE
NOA
RÔS
SAMUA
SEGA
VIÚVA

031

S	T	N	B	G	H	N	R	K	H	Z	V
D	Z	C	E	W	A	E	S	V	M	U	U
H	I	W	E	J	Q	D	I	W	K	G	H
O	P	J	A	O	N	M	O	B	G	K	I
M	S	M	L	O	B	A	T	O	G	I	R
G	H	U	M	V	W	Y	Y	Y	U	L	A
Z	O	D	A	Q	O	B	Z	G	F	A	W
K	R	K	H	U	H	X	Z	N	G	I	V
L	A	O	V	E	U	F	Z	V	H	T	P
P	F	Z	D	F	N	J	Q	O	R	N	A

ALMA
GADO
HEN
HORA
ILAI
LOBATO
ORNA
YULA

032

J	K	F	Q	T	L	K	H	R	U	V	H
P	C	A	G	R	E	B	E	W	K	X	F
W	R	S	Y	S	B	D	J	O	O	U	E
T	G	O	O	R	E	M	U	T	J	H	Q
B	E	C	I	R	R	V	V	R	S	T	K
L	K	O	E	K	A	L	A	H	L	C	Z
H	W	F	Q	E	I	O	O	D	F	Z	R
M	E	W	O	L	A	N	B	U	T	A	D
H	J	C	R	I	S	O	P	R	A	S	O
K	K	N	N	N	T	X	M	Z	K	W	M

BERAIAS
CRISOPRASO
DOM
EFER
OREM
REBE
SEVA
SOCÓ

033

J	T	I	D	I	S	P	E	R	S	A	O
C	P	C	P	X	A	F	I	Y	M	R	O
H	X	S	S	K	E	O	L	V	P	F	H
V	M	I	M	S	R	E	L	G	G	U	X
A	A	L	R	L	I	W	Y	U	E	F	B
B	J	B	E	T	B	K	U	F	X	O	Y
V	M	U	U	R	U	U	V	Z	S	Z	M
K	E	C	W	R	E	D	U	M	U	N	L
J	E	J	L	B	H	O	Y	W	L	I	U
J	M	O	P	X	U	J	A	L	A	Z	A

AZÃ
DISPERSÃO
GEOM
JECUTIEL
JEUEL
LUA
OZNI
ULA

034

A	D	O	U	T	R	I	N	A	R	I	O
H	U	D	L	I	K	D	C	W	F	O	V
E	I	H	T	Q	G	Y	I	K	Q	H	X
E	Y	S	E	I	A	X	Z	N	A	B	J
T	G	C	C	E	N	B	W	V	X	C	A
X	K	H	A	M	J	A	D	O	M	K	S
G	B	Q	O	I	O	C	A	I	X	O	E
C	R	M	F	N	X	Z	E	L	R	D	M
R	I	N	E	X	O	R	A	V	E	L	N
R	Z	V	E	W	W	B	O	C	U	Y	M

ABDI
ANJO
CÃO
DOUTRINÁRIO
INEXORÁVEL
JADOM
JASEM
REU

035

G	D	K	A	J	F	H	V	G	O	D	Z
B	Y	U	S	F	L	Y	Y	J	X	J	D
L	F	Q	T	A	N	G	M	Y	W	M	E
Z	Z	C	W	W	R	J	E	U	S	P	W
O	Y	F	R	I	A	A	B	V	C	E	A
M	Y	N	Q	T	V	Q	F	P	F	F	J
G	O	C	R	B	B	K	V	E	E	L	W
I	B	H	B	O	V	Q	L	C	N	A	A
C	D	D	T	A	V	A	I	A	Z	L	R
E	D	R	O	I	X	D	P	F	M	Y	A

AIÃ
ALEFE
ARÃ
BOÃ
EFA
EFLAL
FUA
JEUS

036

M	I	J	A	M	I	M	L	C	L	I	W
W	X	U	O	F	C	V	A	L	T	O	S
H	T	R	A	S	P	A	S	S	A	R	A
T	V	D	T	J	A	L	N	K	W	L	C
Y	J	X	S	Q	N	G	V	U	P	F	C
J	A	D	Y	P	G	O	F	E	X	I	O
Q	Y	R	M	M	K	Y	R	L	L	Q	Z
E	A	V	O	S	L	X	B	Q	J	U	P
X	S	Q	N	D	Q	U	C	E	H	L	L
L	T	T	P	R	E	K	H	L	L	V	I

ALTOS
ARODE
BEL
ELUL
HUZ
JOSA
MIJAMIM
TRASPASSAR

037

W	N	U	T	F	N	I	C	H	O	D	A
Z	M	I	D	M	N	N	X	F	E	L	G
H	Q	S	E	F	B	P	I	W	E	V	T
T	T	V	P	R	B	A	B	U	E	H	A
A	E	I	E	P	E	W	F	S	Y	X	K
G	X	F	N	U	I	K	J	G	Q	A	A
G	H	W	U	R	J	T	L	C	M	O	O
D	C	Y	C	G	O	E	S	B	A	M	R
V	D	N	Y	A	L	Z	L	X	G	E	X
W	G	P	R	R	V	F	H	I	W	F	Y

AOÁ
BEIJO
ESBA
EVA
ISVI
NICHO
PURGAR
VÉU

038

U	J	X	I	U	A	J	U	S	L	A	H
M	L	Q	G	N	M	Y	M	U	C	B	J
X	L	X	R	Z	N	H	P	A	T	Y	Z
K	E	A	B	E	T	J	H	Y	I	E	I
E	S	N	E	T	S	D	M	G	H	D	D
U	I	K	T	A	N	Y	V	I	N	S	A
O	G	L	E	R	N	M	E	Z	V	U	D
L	P	U	A	B	I	A	L	A	T	N	A
W	I	Q	W	J	L	S	Z	T	Y	E	M
N	W	F	A	E	B	D	A	U	D	R	K

ABIA
ARNÃ
DADA
ELZA
NER
PUL
ZATU
ZETAR

039

J	U	E	L	R	H	R	R	N	A	O	M
E	B	V	M	A	O	S	F	D	T	I	B
U	G	P	Q	Q	J	Z	A	N	K	Y	C
G	G	Z	K	V	D	I	E	B	A	M	A
J	H	X	B	I	L	R	Z	Y	X	O	T
L	L	I	N	E	A	R	I	D	A	D	E
X	J	E	N	V	E	G	H	T	A	I	U
A	Q	Y	A	B	Z	Y	A	F	N	M	A
H	H	Z	E	C	X	J	D	A	L	A	V
A	C	X	O	E	J	Q	Z	P	O	X	I

AVARENTO
EBER
ELIADÁ
GAÃO
ITNÃ
LINEARIDADE
MÃOS
MODIM

040

M	M	I	W	J	Q	H	E	M	L	N	E
R	N	G	B	V	S	R	X	G	A	M	I
O	D	X	O	G	M	G	V	Y	M	Q	I
S	D	G	Y	L	T	W	F	F	U	R	L
I	X	V	I	C	V	A	D	A	R	B	C
A	C	L	I	E	S	L	Y	O	I	D	K
S	A	B	V	A	H	W	S	N	A	H	W
C	T	W	K	K	R	E	R	V	A	G	Z
U	N	B	O	T	J	N	K	Z	T	P	E
O	B	T	F	C	W	J	I	L	U	D	E

AMI
ARNI
CALIL
ERVA
LAMÚRIA
LUDE
OSIAS
SORRI

041

U	P	G	V	W	F	V	T	J	N	X	H
H	A	F	G	H	Y	G	I	G	F	Q	I
B	P	K	U	B	R	S	I	R	T	S	P
N	V	K	Z	T	L	A	Q	P	A	F	O
I	H	R	H	A	N	J	Z	M	D	O	T
I	W	C	A	M	A	A	I	I	A	C	E
S	C	C	O	W	O	X	J	L	I	K	T
C	V	Q	Q	Z	M	I	S	L	Y	O	I
A	J	O	T	A	O	S	B	C	P	O	C
B	H	C	N	L	U	I	Z	A	U	E	O

AZI
HIPOTÉTICO
ISCÁ
ISI
JOTÃO
LUIZA
MAAI
TADAI

042

S	S	C	X	I	K	S	R	D	P	J	G
E	I	M	U	Y	Q	Z	A	L	L	O	N
W	Y	Y	A	J	J	G	Y	F	Z	P	V
H	X	U	U	E	N	O	N	F	I	L	D
H	R	D	D	M	P	X	V	R	J	R	O
T	E	B	O	Y	M	N	F	E	R	L	C
F	I	E	L	S	Y	K	R	W	X	I	A
D	K	B	T	Y	V	D	E	V	U	B	E
K	E	A	P	H	I	J	L	R	S	N	R
E	N	B	S	U	S	P	E	I	T	A	A

DOC
ENON
ERA
ISBÁ
LIBNA
SAFIR
SIYUM
SUSPEITA

043

V	R	A	Z	P	U	B	M	G	W	Q	K
E	E	E	P	D	T	C	A	J	E	O	Q
X	J	B	R	I	H	H	A	F	A	C	B
A	P	G	S	S	A	J	X	X	X	A	P
R	W	R	H	T	T	F	R	J	X	N	Z
S	M	N	R	I	I	Z	E	M	C	R	K
W	Z	M	K	N	L	Z	I	L	J	J	V
X	K	J	Y	C	M	C	A	S	A	S	Z
A	G	I	Z	A	L	Q	S	W	A	Y	Z
H	A	M	F	O	W	P	J	A	G	I	L

ÁGIL
DISTINÇÃO
HATIL
ISAI
JAAZ
JIM
REIAS
VEXAR

044

E	D	U	A	S	P	T	B	I	V	A	I
J	E	K	T	H	M	K	F	V	A	W	E
W	V	V	A	A	W	E	M	Z	M	X	E
A	Y	L	R	Z	S	T	H	S	F	G	S
H	P	A	A	R	N	B	A	S	A	G	A
R	N	P	O	U	J	S	W	E	T	Z	U
A	V	N	E	G	C	B	Q	M	U	S	X
X	H	A	I	O	B	U	E	D	K	T	X
P	N	J	J	M	G	I	E	K	P	U	W
I	N	A	C	E	S	S	I	V	E	L	S

ANA
ATARA
BASÃ
INACESSÍVEL
JOCSA
NAJA
SEFI
ZAA

045

R	G	L	P	Q	P	J	M	R	A	T	Z
Q	U	P	H	X	L	O	L	Q	B	I	O
Y	P	L	S	I	E	F	J	P	A	Q	J
A	N	C	D	U	J	A	E	P	D	Z	E
G	Z	Z	M	I	C	A	E	L	E	P	S
A	G	V	R	A	I	G	M	F	D	H	U
B	N	A	R	A	S	I	N	I	Z	A	S
A	M	O	S	P	R	F	D	L	B	J	S
I	O	B	S	T	I	N	A	D	O	A	R
N	T	V	O	D	Q	K	D	H	M	E	R

ABADE
FELDAS
GABAI
JESUS
MIBAR
MICAEL
NARA
OBSTINADO

046

Q	V	K	N	V	J	Z	B	O	J	I	R
M	M	A	N	S	I	D	A	O	O	O	W
S	H	E	G	G	L	T	V	K	N	N	P
S	S	M	E	S	E	L	E	M	I	A	S
N	E	T	J	Z	Q	Q	Q	R	B	Q	E
E	D	O	D	A	V	A	U	W	A	V	J
V	N	T	Q	D	Z	M	E	I	Z	W	V
N	A	D	G	H	Z	D	B	C	U	S	A
W	J	X	Y	B	S	A	A	M	E	S	Y
A	A	X	P	L	F	X	R	Q	B	G	G

CUSA
DODAVA
EDNA
ETÃO
FABIA
MANSIDÃO
MESELEMIAS
QUEBAR

047

Q	P	H	S	B	Z	K	L	S	I	B	D
E	S	I	M	M	W	Y	Y	E	R	P	S
F	R	F	J	T	B	K	M	U	H	U	L
R	E	I	M	I	R	I	A	Z	I	T	F
O	H	O	G	L	S	I	K	L	W	B	M
Z	E	E	E	V	N	H	A	L	A	Z	Z
Z	I	O	R	L	Z	A	U	S	N	T	I
R	E	J	S	H	B	W	L	H	Z	F	B
Q	Y	N	P	Y	C	A	Q	T	O	U	A
V	F	O	E	D	A	I	N	M	M	Y	R

BAALI
HUL
MIRIÃ
OEL
SIMEI
ZIBA
ZIOR
ZUR

048

E	K	O	G	B	M	Q	Y	D	W	C	R
O	C	K	E	Y	N	J	A	S	A	D	A
P	V	O	N	X	O	T	Y	L	R	V	V
U	A	L	R	A	G	F	W	I	S	W	I
E	P	N	B	G	N	M	G	Y	B	Z	T
S	F	J	O	O	F	L	N	C	O	F	E
E	G	N	O	O	U	U	Y	T	N	F	W
F	T	K	D	F	O	R	D	Z	L	N	I
O	B	S	E	D	U	S	T	U	G	P	C
A	Z	R	E	S	P	A	R	T	A	C	O

ANO
AVITE
COFE
ESPARTACO
JASA
REFULGIR
SEFO
URSA

049

N	X	G	V	L	C	M	R	R	A	X	M
D	M	R	U	F	W	H	W	M	E	H	Z
F	A	B	I	D	V	W	A	A	Z	Z	Z
M	I	L	T	A	I	R	Q	D	J	F	A
U	Y	R	I	D	B	F	B	A	C	Z	S
F	U	K	D	L	H	I	R	L	F	Q	R
G	G	W	T	O	L	P	L	I	Q	L	Q
E	M	P	E	R	D	E	N	I	D	O	S
A	J	A	E	S	C	O	P	D	O	Y	K
I	Q	I	N	D	E	C	O	R	O	S	O

ABILIO
ADALI
BUL
DODÓ
EMPERDENIDOS
ESCO
INDECOROSO
RAMÁ

050

H	Y	W	K	Q	Q	I	A	N	E	F	H
I	Q	F	H	I	K	D	O	J	D	Z	T
E	D	Q	R	U	D	Y	E	K	O	F	H
I	N	C	I	R	C	U	N	C	I	S	O
T	N	H	N	I	P	S	T	B	Z	Z	M
W	X	Z	F	R	V	H	W	Q	Y	N	A
E	Y	I	B	U	F	A	R	S	I	M	S
Y	S	A	O	Q	Y	D	M	T	F	C	A
O	P	R	E	C	O	N	I	Z	A	R	V
H	J	A	N	M	R	Z	M	Z	E	N	O

COZ
IARA
INCIRCUNCISO
IRU
PRECONIZAR
SIFÍ
THOMAS
UFARSIM

051

I	L	B	T	R	J	D	R	F	K	J	P
V	X	L	J	Y	H	O	X	N	A	Y	Q
Q	R	A	E	P	B	E	S	T	O	M	H
R	E	M	A	N	E	S	C	E	N	T	E
C	F	Q	T	Z	F	H	H	D	V	I	C
H	A	U	T	E	A	A	E	N	D	Z	M
F	Y	X	T	I	W	R	Z	Q	E	Z	J
W	V	A	U	X	G	Z	M	W	N	M	O
O	A	D	E	C	A	K	R	K	O	T	X
J	O	Q	U	E	B	E	D	E	S	S	K

ENÓS
ESTOM
HAR
JAATE
JOQUEBEDE
JOSÉ
ODUIA
REMANESCENTE

052

V	I	F	N	K	C	O	C	A	I	B	I
Q	B	V	A	E	D	U	C	O	X	N	D
R	K	I	H	G	D	I	N	H	U	L	Y
D	P	X	R	A	D	O	C	G	E	B	A
O	R	W	S	Z	B	P	M	A	Z	P	C
C	Y	O	H	C	A	Z	I	I	O	N	O
E	D	A	T	G	T	V	E	H	Y	L	R
L	R	R	J	K	A	W	I	V	A	U	G
A	I	Q	G	M	X	H	C	T	S	R	I
L	G	Z	N	Y	I	N	Z	G	E	Y	C

ACOR
BIRZAVITE
CELAL
EDOM
GUNÍ
IVA
MAVIAEL
SUR

053

T	W	C	O	N	T	R	I	C	A	O	N
D	R	C	O	T	L	T	H	O	G	O	X
J	A	W	S	Z	X	L	X	L	L	D	G
N	M	N	H	B	M	R	D	G	W	S	O
M	A	C	I	P	E	C	E	J	B	T	X
T	T	X	M	L	Z	B	R	B	R	F	Q
R	E	S	Y	O	O	F	N	A	N	A	D
N	Y	I	G	S	C	H	U	A	F	R	A
A	B	S	U	M	B	Q	R	N	G	L	O
O	R	O	C	A	J	W	M	A	J	D	I

AOI
BAANÁ
CONTRIÇÃO
DANILO
EGLON
QUARTO
RAMATE
SISO

054

U	R	I	Q	J	J	A	Q	S	E	X	U
E	M	E	I	B	A	G	Q	M	X	P	U
J	C	H	O	D	M	N	B	D	Y	D	Z
F	T	K	Q	Y	U	D	H	W	V	W	Z
X	E	X	D	C	N	X	T	F	M	E	A
I	D	P	B	J	D	Q	J	O	X	T	J
N	W	V	A	M	O	R	R	E	U	X	M
Y	U	S	L	D	R	R	F	A	I	A	Z
H	Z	M	B	P	N	G	L	C	R	Z	N
P	D	E	S	T	E	F	A	N	I	A	U

AMORREU
BAL
ESTEFANIA
FAIA
FLAUTA
MEA
MUNDO
NUM

055

Q	H	R	G	P	M	F	I	X	K	M	W
Y	L	H	Z	Q	E	G	R	M	S	I	M
S	J	M	J	O	J	B	Q	T	V	G	B
S	P	F	M	F	R	Q	C	X	P	Q	A
Y	Q	Z	S	X	J	A	Z	R	R	D	A
C	A	W	O	H	E	T	J	U	I	K	R
Q	R	H	A	T	A	N	A	L	Q	V	A
E	F	V	R	B	I	D	Y	R	G	S	O
U	Z	O	B	C	P	R	A	K	R	Z	P
F	M	L	H	V	B	V	H	I	E	X	O

AARÃO
ATANAL
LIDA
MORTE
OTIR
SHADAI
SIM
ZORÁ

056

K	I	T	D	S	V	K	G	P	E	E	R
S	C	O	N	T	U	N	D	E	N	T	E
A	I	B	E	H	I	D	W	Z	J	G	M
R	F	P	E	R	D	I	Z	Y	B	U	U
V	V	G	A	U	D	X	J	B	N	Y	O
I	J	K	R	M	F	S	E	R	V	W	J
A	Q	Y	K	C	E	V	E	R	W	O	A
I	U	S	I	R	P	L	V	S	S	B	N
A	C	E	Y	L	Y	A	A	D	E	H	A
Y	N	V	L	T	J	M	Z	S	U	N	Y

AIBE
CONTUNDENTE
KARIN
PAMELA
PAZ
PERDIZ
SÁRVIA
SEBA

057

S	B	I	Y	G	B	S	N	C	X	T	F
Z	Z	I	L	M	C	A	E	Y	B	S	L
O	W	P	X	I	M	O	R	M	R	G	M
Z	E	U	A	O	M	Q	A	E	A	R	R
J	P	B	N	H	B	E	Z	A	I	A	J
A	I	A	V	R	O	H	X	H	K	V	W
R	O	T	S	E	X	O	L	W	F	I	R
A	U	U	V	U	Z	D	I	D	U	B	R
H	F	W	R	Y	R	A	A	V	N	G	W
P	M	T	Q	O	Z	E	E	B	E	L	P

BAR
BEZAI
KIR
OURO
PASUR
RIBAI
SEMAA
ZEEBE

058

Z	M	Z	I	L	D	A	A	A	S	W	Z
Q	A	Z	H	Z	B	S	G	R	E	B	N
I	D	E	Y	G	C	Z	Q	Q	Q	P	Y
B	U	W	Y	A	G	S	E	U	N	R	F
H	L	M	W	P	R	I	O	E	T	U	X
A	A	S	D	U	D	X	O	O	Z	N	E
N	S	P	F	C	H	U	S	L	Z	N	L
V	N	I	R	J	Y	D	O	O	E	E	I
Y	H	R	U	R	U	Y	T	G	B	X	U
C	X	A	W	A	P	C	D	O	A	E	F

ACSA
ADULA
ARQUEÓLOGO
ELIÚ
IRÃ
OBEL
ZEBA
ZILDA

059

T	C	I	H	S	L	B	P	A	X	V	J
O	Y	Z	O	J	N	X	C	X	H	E	M
I	T	J	C	C	J	H	J	N	P	L	A
P	T	W	K	Z	O	C	B	U	H	I	Q
G	I	H	Z	A	A	O	F	M	M	P	U
S	P	E	X	S	J	J	A	F	E	T	E
Q	H	A	R	I	M	Q	R	D	P	L	L
I	K	L	D	P	F	O	B	L	O	F	O
C	N	E	S	T	U	I	R	L	N	M	T
E	C	U	Y	Y	Y	W	M	E	W	A	E

ELI
HARIM
HEM
JAFETE

LÉU
MAQUELOTE
MELO
MORE

060

K	J	J	Y	L	S	T	Z	I	T	V	V
R	A	L	O	T	E	Y	T	M	G	J	J
T	K	U	P	S	M	R	A	O	M	I	L
G	N	D	F	D	K	A	T	B	A	Z	P
H	N	I	A	F	T	E	I	V	A	A	R
E	W	J	H	A	L	C	R	F	R	R	O
M	B	X	L	C	X	X	A	M	J	E	L
A	H	U	A	F	T	S	H	K	Y	D	E
A	S	N	N	V	O	O	O	W	W	R	Y
Z	A	U	W	J	A	L	J	G	Z	L	Q

ALOTE
ANACLETO
JIZAR
JOSAFÁ

MAAZ
PROLE
SOL
SULATA

061

N	D	T	A	S	F	I	N	I	C	K	F
M	O	E	S	C	W	U	R	J	D	S	Z
J	O	K	L	C	A	N	A	O	M	O	X
P	D	T	R	I	P	J	Z	D	O	V	N
S	X	Q	O	P	T	X	W	I	R	L	E
L	B	Y	B	T	F	O	B	E	C	P	O
P	K	Q	O	F	M	Z	I	L	O	C	C
D	U	N	B	O	Q	U	T	A	U	U	C
L	I	N	L	M	L	F	B	S	R	V	N
T	R	A	N	S	I	G	E	N	C	I	A

ALOM
CANA
DELITO
FUAD
ODIEL
OOL
TINO
TRANSIGÊNCIA

062

N	X	V	Q	N	T	V	E	M	Z	V	D
C	T	K	L	H	H	O	N	I	A	S	Q
G	W	U	C	Y	E	E	O	X	M	Q	A
F	N	Y	H	C	L	F	M	E	B	S	A
M	D	Z	N	H	I	J	A	Q	O	B	G
S	J	H	J	Z	O	X	R	D	Y	M	X
A	I	B	W	Z	D	T	N	D	O	M	P
K	Z	B	U	W	O	O	Q	M	K	N	J
N	U	U	V	A	R	X	A	A	Y	E	W
T	V	I	E	F	O	E	G	L	C	A	F

AMOM
CAF
ENOM
FADON
FRONDOSA
HELIODORO
MAL
ONIAS

063

H	J	B	Q	O	X	P	R	D	S	M	A
A	H	S	H	J	G	H	C	O	E	Z	E
B	V	K	H	Y	Z	X	I	B	X	P	A
E	P	N	I	B	R	N	B	F	L	Y	S
Z	M	A	T	S	A	A	R	E	L	B	X
I	O	D	O	O	N	J	A	Q	Q	T	H
N	M	I	A	J	R	I	M	X	F	W	O
A	R	A	Y	S	E	N	A	N	B	Z	T
S	A	Q	U	Z	O	R	O	G	G	Q	I
F	I	E	S	D	Z	X	A	T	O	V	R

AAREL
BEM
HABEZINAS
HOTIR
IAGO
JERA
OMRAI
SENAN

064

Z	G	G	T	C	F	A	H	T	K	I	M
Z	Y	Q	A	W	Z	J	A	D	O	Z	G
B	N	R	A	X	B	E	U	M	H	S	G
E	G	G	A	B	R	I	E	L	E	T	I
E	Z	D	R	V	I	L	S	E	F	Q	L
R	N	V	T	T	Y	A	E	J	M	A	U
Z	V	I	B	C	C	N	T	K	Y	Q	D
R	J	W	E	B	E	C	G	A	M	U	I
E	O	N	W	M	C	I	L	R	R	X	M
I	R	E	S	O	N	S	D	I	P	V	I

ABIATAR
BEER
CIS
GABRIELE
JADO
LUDIM
REI
RESON

065

M	R	C	J	H	Y	V	N	T	C	U	C
J	C	Q	Q	G	A	Q	S	P	U	V	A
H	V	W	O	H	K	D	C	C	Y	M	P
T	P	R	Q	A	Y	K	V	Q	F	A	F
M	A	R	A	O	R	U	I	Z	T	R	V
O	S	U	Z	A	B	J	X	A	F	O	Y
V	L	N	M	D	B	S	A	R	Z	T	A
L	A	J	S	F	M	U	E	M	M	U	W
U	F	I	W	W	E	M	E	R	D	R	Z
U	Y	U	K	R	P	O	S	E	A	A	J

ARÃO
ATAP
EMER
MAR
PUVA
ROTURA
SERA
TOA

066

S	C	X	Y	A	I	W	H	A	B	O	R
Q	I	N	S	U	R	R	E	I	C	A	O
E	I	O	S	X	Q	G	S	K	P	W	X
E	M	S	Q	D	U	X	D	U	F	Y	Q
Z	X	J	Q	O	N	V	A	F	H	I	R
Q	E	P	P	I	P	D	I	S	N	Y	N
G	Z	T	K	T	A	B	R	I	G	A	S
H	T	D	U	D	R	Y	S	M	J	O	O
P	A	M	T	A	A	U	A	A	K	Q	Y
V	A	K	G	R	M	A	Z	O	R	C	M

ARAM
AZOR
HABOR
HIR
INSURREIÇÃO
MUSI
SIMÃO
ZETUA

067

R	C	N	I	C	O	L	A	I	T	A	S
B	B	F	X	E	K	A	N	A	A	W	B
M	I	T	C	A	D	S	J	M	H	K	B
U	H	S	X	K	N	C	B	F	B	O	E
B	E	Q	A	I	U	I	L	E	T	E	T
T	W	I	P	D	S	V	N	G	T	D	I
A	X	Q	L	T	X	I	C	N	Y	Y	A
M	T	F	O	Q	A	A	O	O	Z	X	S
A	U	I	J	J	P	M	P	M	M	F	H
R	R	F	O	L	Q	P	T	X	T	W	Q

BETIAS
LASCÍVIA
MITCA
MONTE
NICOLAITAS
SIBMA
TAMAR
TOB

068

M	T	U	V	J	H	F	T	K	P	A	Q
K	H	J	D	E	A	N	W	G	R	K	H
E	S	W	M	T	L	N	M	U	N	S	B
E	S	V	A	T	C	O	F	A	R	I	D
C	T	Y	N	W	A	R	M	Y	P	V	F
Z	E	B	F	E	L	A	R	M	P	U	A
C	M	Y	B	F	I	M	A	S	M	L	S
Z	P	C	C	U	A	S	B	P	W	F	W
Y	O	B	E	U	S	X	A	R	S	L	U
J	L	A	A	K	M	A	M	E	R	V	B

ABAM
CUM
FARID
FURA
HALCALIAS
JOCBEÃO
PUA
TEMPO

069

F	I	L	A	N	T	R	O	P	I	A	Z
R	Y	K	K	F	S	I	E	H	G	B	A
P	S	S	J	H	A	Z	F	W	J	K	L
R	B	C	E	D	E	N	G	E	Y	E	T
Z	P	A	L	U	S	H	E	V	O	K	R
E	G	E	P	X	S	D	T	J	A	K	A
G	H	I	L	E	A	D	C	O	R	U	A
C	I	Q	S	V	A	C	A	Z	I	S	Y
C	G	K	T	I	B	O	Q	R	H	T	T
B	Y	D	C	G	K	X	V	R	P	A	X

ACAZ
ALUSHE
ÉDEN
EVI
FILANTROPIA
HELDAI
JOEL
RUA

070

M	C	F	G	K	P	F	O	K	A	O	Q
X	T	Q	A	N	A	N	I	A	C	X	K
Y	B	H	V	A	D	T	T	I	F	H	V
K	M	X	G	X	U	T	R	L	O	M	L
W	S	O	G	Y	H	O	C	A	O	F	R
H	V	G	L	M	G	E	A	N	C	N	K
D	Q	V	O	E	A	J	B	Q	R	U	T
I	M	S	T	E	O	R	M	S	V	W	J
L	I	A	N	Q	O	M	E	M	A	O	N
D	C	R	W	G	M	Y	Q	S	U	E	Q

ANANIA
CATEGÓRICO
DISOM
EBSA
GAA
MARES
MOLEOM
SUE

071

A	I	V	B	N	K	H	T	T	Q	F	V
S	Y	L	I	S	J	Q	W	G	C	L	N
A	Q	R	T	W	Q	J	L	I	A	T	D
F	U	U	I	Y	W	K	F	T	D	Z	L
J	Q	O	N	X	N	P	R	G	C	D	A
J	E	G	I	A	Y	O	B	K	F	M	B
V	V	S	A	I	P	Z	Z	Q	A	T	R
F	Q	U	I	R	I	A	T	E	R	A	A
O	I	I	E	A	E	D	R	N	A	A	M
G	H	P	D	M	S	M	E	K	A	Z	E

ABRAM
ASAF
BITINIA
FARA
JESIAS
PORTA
QUIRIATE
TAA

072

P	L	V	G	Z	B	N	E	S	M	M	A
Q	N	O	D	A	N	M	D	P	I	H	J
T	T	K	V	E	I	A	T	I	P	V	Z
H	A	R	B	A	G	H	C	A	R	L	A
J	B	O	R	M	C	D	L	A	T	E	L
N	R	B	W	V	V	A	L	K	I	F	A
H	I	X	V	S	J	H	K	O	D	S	C
S	M	Y	C	O	K	C	B	S	E	W	P
N	O	G	C	H	R	U	V	R	O	Z	Q
C	M	Q	R	C	C	V	K	A	Q	S	I

BEN
BOI
CARLA
IIM
RESA
SIBRAIM
TABRIMOM
VACA

073

D	C	S	S	L	Z	I	D	S	B	W	I
Z	I	O	T	D	S	G	A	N	O	D	E
H	K	R	Z	J	D	O	O	F	H	Q	H
T	U	T	H	Q	D	I	Z	A	R	R	Q
T	O	C	H	Q	D	I	O	U	T	A	A
V	L	F	M	E	A	F	C	Z	N	O	P
R	R	C	N	L	Q	A	A	P	C	G	U
P	Q	L	A	I	Q	L	R	K	B	Y	A
H	C	S	O	S	F	J	R	A	V	D	K
B	G	Q	Q	J	C	C	U	T	I	L	R

AARÁ
AFRA
COA
NÉDIO
NODE
OFNI
SALAI
TOU

074

V	Q	Q	I	N	W	C	O	O	V	A	Z
C	G	I	B	A	R	L	K	X	A	A	Y
J	I	L	P	U	H	J	P	B	O	J	G
Q	H	B	K	C	G	S	U	B	G	N	Z
W	G	V	L	C	R	C	X	F	X	T	Z
C	Y	E	F	P	W	P	V	E	S	Q	N
V	E	A	N	R	Z	A	P	E	I	Y	G
Q	Q	D	D	W	S	I	B	G	X	R	S
G	Y	O	B	U	Z	I	L	I	X	D	P
A	A	Z	I	Z	I	N	M	A	U	M	L

AAZIZ
ABIÚ
AIIN
BOAZ
BUZI
GIBAR
VEADO
ZILA

075

I	F	Q	P	H	T	S	Z	X	S	M	F
D	N	B	N	I	E	K	A	D	F	L	D
O	G	E	A	M	L	I	B	X	S	O	E
L	P	A	P	M	Z	W	D	D	P	Y	U
O	V	D	I	T	R	K	I	O	I	M	S
Y	Y	O	C	W	O	Q	E	A	Q	O	Z
B	A	M	D	A	Q	L	L	H	L	K	G
N	P	D	R	S	T	M	O	O	Z	P	F
N	R	S	B	X	B	A	N	U	V	E	M
E	X	T	R	A	B	I	B	L	I	C	O

ABDIEL
BUZ
CATA
DEUS
EXTRABÍBLICO
IDOLO
INEPTO
NUVEM

076

V	A	R	A	R	Q	S	I	S	M	A	I
X	Q	Q	A	M	A	R	C	A	H	P	L
B	K	F	R	Z	M	A	I	N	A	Y	S
O	E	G	F	I	I	I	L	N	W	V	U
P	O	E	F	B	W	M	P	W	G	A	J
S	I	G	U	E	A	L	D	V	V	K	K
T	K	K	K	A	O	A	U	C	E	P	O
Y	K	B	F	O	Z	T	P	R	A	H	T
K	I	A	Z	F	V	C	O	A	Z	S	O
I	A	O	E	Y	V	C	L	S	K	S	Z

ARCA
CEPO
COR
ISMA
MAINA
RAZIM
VAU
ZIBEÃO

077

D	Y	N	G	N	F	I	A	N	D	W	P
P	C	Z	T	J	Z	N	D	J	P	H	A
M	K	E	F	G	M	T	B	S	R	O	R
C	E	L	X	D	A	E	A	A	E	Z	X
L	O	O	U	N	T	N	X	C	F	A	Y
P	T	R	I	A	S	D	A	A	I	N	Q
C	M	B	Z	T	N	E	I	R	I	O	B
M	X	O	E	X	C	N	O	R	K	A	X
N	M	Y	T	X	B	T	K	N	W	O	H
A	Q	V	A	P	M	E	I	L	L	S	J

ETÃ
GANA
INTENDENTE
MOZA
SACAR
SEA
ZANOA
ZELO

078

V	M	C	O	G	I	B	K	C	L	V	C
C	H	I	L	B	I	L	M	A	L	A	E
B	Q	L	T	E	K	U	M	B	V	I	U
L	U	V	U	C	U	M	C	A	G	V	G
V	B	L	G	A	D	S	J	H	A	T	U
Y	S	P	H	W	Q	M	A	E	B	J	E
N	C	U	S	X	D	M	Z	W	K	D	B
Z	F	O	X	Q	O	D	O	X	O	H	D
Z	E	E	S	R	P	V	J	S	O	D	I
Q	I	X	Y	N	H	O	I	Q	V	U	N

BECA
BILMAL
CÉU
CLEUSA
CÓS
ISODE
JAVÃ
SODI

079

T	K	E	S	C	O	R	P	I	Ã	O	D
J	O	Z	R	E	D	X	R	G	D	J	D
G	B	Z	O	E	M	G	H	Y	I	E	N
K	J	Y	G	F	M	J	Q	B	B	S	D
V	C	T	N	I	G	X	X	A	U	T	Q
D	K	Y	R	Q	B	A	D	Z	A	I	M
C	Y	N	Y	I	I	A	B	F	C	R	I
O	I	B	O	D	N	J	N	U	O	I	Z
R	Z	Q	G	A	K	J	E	U	S	Z	A
N	O	M	E	N	C	L	A	T	U	R	A

ACOS
ESCORPIÃO
INRI
IRI
JEUSZ
MIZA
NADABE
NOMENCLATURA

080

B	Z	S	O	T	X	C	H	A	P	O	U
U	I	B	G	T	M	U	J	C	D	E	M
N	R	N	V	K	I	A	Z	I	X	A	P
C	G	K	A	I	R	X	C	L	T	X	A
F	Y	S	M	Q	C	E	S	C	R	P	N
B	E	R	E	F	N	S	T	A	G	A	U
U	F	E	M	A	Z	O	F	A	L	S	A
O	M	H	C	Q	N	E	Y	A	V	L	H
F	U	N	A	J	I	H	R	Q	S	E	M
B	E	N	A	D	I	N	A	D	A	B	E

ALAN
BENADINADABE
BINA
ENCANECIDO
OFAL
SEM
TAM
ZER

081

H	A	V	K	W	D	C	E	R	A	V	N
Z	Z	G	R	J	P	B	A	E	H	P	Y
F	L	I	F	M	H	N	E	X	T	T	P
D	N	A	G	E	A	Z	I	B	A	J	A
L	E	U	A	S	N	Y	L	G	A	A	V
G	B	T	L	O	A	E	S	A	W	I	Ê
A	A	B	H	B	V	I	C	F	M	Y	S
M	T	V	J	A	I	G	Y	V	W	O	B
X	E	H	R	I	O	Z	L	T	R	R	W
P	H	R	I	A	I	S	A	R	A	I	R

BEBAI
CERA
MESOBAIA
NAVIO
NEBATE
PAVÊS
SANAR
SARAI

082

D	E	P	R	E	C	I	A	T	I	V	O
F	P	N	R	I	Z	Z	S	A	G	E	M
G	C	X	G	A	E	N	T	U	N	K	E
I	U	R	W	Q	B	S	A	P	S	B	N
X	O	E	P	W	E	U	B	V	E	M	E
A	C	I	Q	L	D	N	N	S	D	E	L
Q	A	H	E	A	E	K	E	A	V	O	A
M	K	T	J	F	C	I	R	C	F	M	U
Z	E	W	E	Y	K	R	E	J	J	A	K
T	A	X	C	M	G	C	D	W	Q	I	V

ABNER
BUNA
DEPRECIATIVO
EBEDE
JADUA
MENELAU
SEBE
TETELESTAI

083

M	D	D	B	F	M	P	I	S	O	M	W
T	C	S	G	W	S	I	N	R	I	H	D
Z	G	I	T	Z	R	E	Z	I	A	H	W
Q	G	K	P	T	Q	Z	Z	A	P	N	P
I	X	O	L	I	M	P	I	A	T	T	L
N	A	L	E	X	A	N	D	R	I	N	O
J	H	S	B	D	C	W	O	H	T	J	N
D	N	H	E	D	I	F	U	J	R	I	U
W	W	Z	V	N	E	C	D	E	A	H	A
G	F	K	X	Q	E	F	O	G	M	S	B

ALEXANDRINO
ITRAM
OLIMPIA
PISOM
PLEBE
REZIA
SENE
SINRI

084

P	O	Y	K	Q	G	A	S	O	G	E	E
L	Z	L	V	S	T	B	V	Q	B	E	M
X	A	W	T	U	E	S	E	I	F	R	E
Z	C	X	Y	J	H	M	X	L	O	X	E
A	A	Y	C	S	H	A	Q	H	É	L	S
G	R	K	L	M	P	T	N	Q	K	M	T
V	I	K	O	R	I	E	S	T	E	R	E
A	A	D	E	U	S	U	B	N	N	B	V
Q	S	Y	R	M	O	S	J	L	E	L	Ã
T	M	B	I	Y	R	A	C	I	B	W	O

BELÉM
BEM
DEUS
ESTER
ESTEVÃO
MATEUS
SENHOR
ZACARIAS

085

E	K	L	F	P	W	E	Z	T	L	M	T
R	U	Z	A	Z	B	R	U	E	W	C	R
Z	Z	C	L	A	U	M	D	D	W	U	J
F	V	A	C	X	A	A	V	L	G	B	Y
D	R	E	M	A	D	G	C	A	E	O	U
H	R	J	P	E	P	R	Z	S	G	S	L
X	U	O	I	L	I	Y	N	F	X	O	G
C	P	S	P	S	U	W	B	W	N	R	S
E	N	A	I	D	A	M	J	U	I	Z	O
A	H	L	Z	M	R	H	J	U	Y	N	J

ANSIEDADE
BOSOR
GUR
HUSIM
JUIZO
NAIDA
POPA
RECABE

086

Q	Y	X	O	H	J	N	U	K	U	O	Q
B	W	C	O	M	U	N	I	D	A	D	E
I	J	L	F	D	Y	V	I	A	L	U	L
C	O	N	T	E	R	R	Â	N	E	O	J
Q	S	W	V	O	E	M	B	A	Y	P	A
U	K	N	G	H	C	M	W	B	H	L	E
C	Q	A	L	K	C	C	S	A	Z	M	L
S	I	H	I	K	H	Y	L	L	Z	P	C
T	J	A	N	F	S	H	D	L	J	A	G
N	V	H	A	C	P	E	N	I	E	L	I

COMUNIDADE
CONTERRÂNEO
DANABA
HER
JAEL
LINA
PENIEL
TIAGO

087

W	V	W	H	N	X	W	A	B	C	X	M
R	V	Y	L	A	U	Z	A	Y	M	S	R
I	H	P	Q	H	S	P	E	G	Q	D	A
S	O	D	V	U	C	T	W	T	Q	D	B
Y	R	V	Z	A	T	Q	E	E	A	A	Á
R	D	Q	M	Q	T	E	K	Z	F	N	Y
Q	A	T	H	L	S	P	H	Y	W	T	J
U	N	D	O	I	W	M	I	L	C	E	L
U	Y	G	A	A	I	C	A	Z	E	R	I
P	U	D	E	Z	X	W	D	M	V	U	A

AZER
DAISE
DANTE
ETAN
HASTE
HORDA
LIA
RABÁ

088

U	M	E	T	J	R	G	E	H	I	J	S
C	J	J	P	O	D	R	E	P	V	I	L
P	B	A	H	L	P	F	P	C	A	D	F
P	Z	D	I	O	N	Y	X	G	I	S	G
I	U	H	P	M	G	X	S	X	E	E	A
G	N	B	G	J	E	C	Y	J	O	A	S
A	J	Y	X	P	M	B	X	O	F	S	A
B	V	U	W	L	P	V	J	P	I	G	Q
E	S	R	G	W	N	A	G	C	A	J	W
A	G	S	B	R	D	H	U	Y	Y	X	E

GABEA
GASA
HOR
JAIME
ODRE
OLOM
PAU
VIL

089

W	M	F	Y	O	U	X	I	E	T	E	Q
L	Q	A	T	O	I	L	C	P	O	K	A
D	J	V	L	T	V	O	S	J	L	M	S
Q	T	D	K	O	O	N	W	G	H	R	S
W	O	B	E	N	T	G	T	K	U	R	I
J	L	U	T	I	J	I	S	H	A	S	R
A	E	N	R	E	M	T	V	I	U	B	O
C	V	K	T	L	T	U	V	C	A	C	Q
P	S	F	Q	D	Y	D	S	H	A	K	Q
C	M	R	Q	Y	K	E	S	C	U	D	O

ASSIR
CACO
CUSI
ESCUDO
HUR
LONGITUDE
MALOTI
OTONIEL

090

F	I	M	A	L	T	R	U	Í	S	M	O
Q	M	N	Á	I	A	B	V	O	F	G	Y
G	C	L	S	B	G	I	G	M	O	C	E
X	N	E	U	N	Z	W	M	F	C	U	P
I	A	D	V	I	S	D	S	O	Z	G	C
U	U	W	T	N	U	A	B	U	T	C	A
I	R	O	U	N	A	G	A	I	W	E	V
F	F	M	G	A	F	Y	X	D	B	R	A
L	H	L	Y	O	D	V	O	E	V	L	V
O	O	Q	E	Y	U	J	P	O	V	O	S

AIMOTE
ALTRUÍSMO
FOGO
INLÁ
LIBNI
NAGAI
POVOS
ZIV

091

C	D	S	I	I	E	Q	G	E	J	Z	I
N	O	L	Y	D	I	A	T	L	C	E	Q
X	A	M	F	T	Z	W	E	C	L	R	O
E	Ç	C	P	X	A	D	S	K	L	L	A
H	Ã	B	O	A	B	N	I	R	S	G	B
K	O	C	S	M	D	L	E	K	J	B	M
E	U	W	Ô	T	I	E	K	D	E	X	E
K	T	O	N	L	Z	S	C	Z	T	P	J
G	U	C	I	O	V	E	R	E	B	W	F
L	E	J	X	F	M	R	C	V	R	H	E

COMPADECER
DOAÇÃO
ESER
LEI
LYDIA
NACOM
ÔNIX
ZABDI

092

H	A	F	O	I	T	A	M	E	N	T	E
W	I	S	V	X	I	W	J	W	L	T	M
B	J	J	A	G	S	I	Y	R	B	Z	I
W	O	H	A	R	Ã	M	M	B	R	A	S
D	L	U	C	B	I	A	H	O	L	P	Ã
H	O	Y	N	F	Ç	E	U	I	L	U	L
N	N	X	T	I	W	O	L	C	E	A	K
F	N	R	B	N	X	E	A	T	O	K	R
Q	P	O	X	Q	H	L	E	Q	N	F	E
T	C	B	T	T	B	I	B	K	E	X	W

AFOITAMENTE
AIJOLON
ASARIEL
BRAS
COBIÇA
HARÃ
IMOLAR
MISÃ

093

Q	J	B	Z	E	K	T	Z	P	E	C	K
K	Z	E	C	Q	J	M	S	I	G	Q	L
I	D	G	B	O	J	U	D	T	Q	W	W
B	W	O	O	U	V	J	D	A	E	B	X
P	E	N	G	B	S	A	A	G	Z	A	C
I	E	C	R	O	D	F	T	O	Z	L	C
L	G	E	H	J	M	K	S	R	X	C	O
Á	M	A	H	D	T	I	A	A	D	W	R
I	J	L	D	B	G	T	H	S	A	E	V
C	R	U	C	I	F	I	C	A	Ç	Ã	O

ARZA
CORVO
CRUCIFICAÇÃO
GADI
IMER
JEBUS
PILÁ
PITAGORAS

094

P	S	U	C	U	S	A	L	I	L	B	I
Q	C	J	H	K	P	P	C	A	Z	I	Z
G	D	Q	K	Z	W	E	L	Y	Y	I	E
T	N	G	E	R	K	E	F	V	D	Q	J
E	J	A	C	O	T	E	V	A	H	B	E
T	E	A	B	N	B	V	V	M	C	I	A
Q	B	U	E	I	E	N	R	Z	E	R	I
D	O	R	O	B	U	S	T	E	C	E	R
X	A	N	N	L	H	T	O	O	V	M	T
P	Q	Y	Ã	Q	I	S	E	G	A	R	P

NABI
OCRA
ONÃ
PARENTELA
ROBUSTECER
SEGAR
USAL
ZIZ

095

U	U	T	M	V	I	F	O	Ã	A	K	Y
K	Z	H	U	R	B	F	R	G	D	I	M
Z	A	S	D	P	C	I	L	Y	P	Ã	O
H	A	L	L	F	P	O	I	A	P	S	A
E	Q	F	E	A	D	B	R	N	L	Y	B
L	R	R	Q	I	F	U	Y	N	L	U	E
E	U	I	M	B	L	E	V	E	W	B	X
M	B	Y	C	J	V	E	T	M	I	T	S
Y	U	O	M	Z	A	I	U	O	U	P	L
U	S	W	X	E	Z	A	U	B	C	V	T

AFETO
ANNE
HELEM
KALEI
MOABE
OLGA
PÃO
PIRÃ

096

W	C	U	Y	V	B	R	C	E	D	E	I
L	A	P	Ó	S	T	O	L	O	B	O	U
D	H	T	Y	D	Z	S	O	Q	T	M	Y
D	J	H	X	I	T	T	E	N	V	N	O
D	I	O	R	W	A	M	O	A	S	I	P
Q	R	N	Z	V	G	A	Á	U	R	E	O
R	E	P	R	E	E	N	S	Í	V	E	L
G	V	Q	C	A	I	M	A	Y	S	I	O
M	A	T	E	R	I	A	L	I	S	M	O
W	W	M	Z	G	H	N	B	E	R	V	M

APÓSTOLO
ÁUREO
CAIM
MATERIALISMO
NAIR
REPREENSÍVEL
RIO
TOI

097

X	O	V	S	M	U	Z	S	C	K	Q	Z
P	J	R	H	P	R	D	M	O	Z	H	A
K	Y	R	A	R	E	E	F	A	L	J	E
I	I	E	Y	Z	S	Í	S	W	C	T	U
Z	U	J	Y	B	P	S	M	E	T	Y	B
F	B	K	F	R	A	M	V	P	N	I	B
V	X	A	S	A	L	O	G	G	I	A	O
A	Y	I	X	S	D	Y	I	J	M	O	S
H	E	M	Ã	A	A	Q	F	T	X	F	E
C	O	E	N	S	R	X	U	O	K	B	S

AIME
ASSAZ
BOSES
BRASAS
DEÍSMO
HEMÃ
ÍMPIO
RESPALDAR

098

F	S	W	H	H	K	U	P	D	M	K	A
D	Y	G	U	J	M	R	A	N	D	Z	H
V	W	Á	A	G	U	E	O	O	I	V	T
M	E	L	S	J	Z	L	L	O	G	F	I
I	W	I	H	H	X	W	O	N	A	I	L
W	D	O	U	S	D	W	L	U	A	M	O
P	Q	W	Q	L	S	O	T	A	L	E	M
A	S	Y	H	O	Z	A	I	H	E	I	M
X	I	M	P	U	D	I	C	Í	C	I	A
R	F	Z	P	I	U	O	K	T	U	R	Y

ELNAEM
GAAL
GÁLIO
HOZAI
IMPUDICÍCIA
PAOLO
SOTAL
TILOM

099

S	W	F	P	E	M	L	C	K	B	S	J
L	C	F	R	J	F	Q	A	Y	T	U	O
H	F	C	V	K	E	I	R	R	O	B	R
J	S	R	K	I	L	U	R	V	Y	I	N
I	T	E	L	I	Z	A	B	E	T	H	A
J	I	K	M	A	K	Y	T	A	L	J	L
B	A	E	K	M	L	N	A	N	U	I	E
P	R	J	P	S	C	L	N	H	O	G	I
F	A	Q	C	Y	T	O	I	V	U	V	R
O	S	H	W	X	J	G	S	M	R	I	O

AZUR
ELIZABETH
EMILIA
JEUBA
JORNALEIRO
OVO
TANIS
TIARA

100

P	F	D	H	R	R	I	B	M	O	T	S
D	P	Y	L	S	W	Y	A	U	Z	U	I
H	Y	Y	F	C	K	I	M	J	I	J	Á
H	A	O	E	I	Z	W	A	Y	L	B	A
O	K	W	T	I	L	D	Z	H	P	G	T
I	V	R	G	M	A	E	L	H	A	E	A
X	C	B	F	J	E	F	T	É	R	A	R
C	I	S	O	X	P	Q	H	O	Z	D	S
Z	H	J	Y	B	C	G	X	Q	V	A	O
K	W	K	M	N	P	K	L	V	M	A	S

FILETO
GEADA
JEFTÉ
JOJADA
MAS
SIÁ
TARSO
ZILPA

101

A	I	G	S	O	Y	E	M	D	A	D	X
B	S	K	N	A	Z	A	R	É	Q	H	A
I	A	O	E	S	U	O	R	A	R	G	C
M	I	K	Z	E	N	B	N	S	R	V	O
E	A	N	I	X	F	S	X	J	I	R	R
L	F	B	A	O	J	Z	N	B	B	T	O
E	F	G	S	S	Y	M	O	Q	L	O	M
Q	U	A	L	A	L	G	V	L	A	R	T
U	U	Z	Y	B	R	A	V	F	K	P	L
E	B	P	Q	Z	L	P	K	M	P	E	Q

ABIMELEQUE
ACOROM
MABSAR
NAZARÉ
NEZIAS
QUALAL
RIBLA
TORPE

102

G	V	L	C	S	D	M	G	P	C	Q	U
G	Z	Z	O	R	U	A	W	V	X	Z	R
A	C	W	P	B	R	Y	X	T	Y	O	O
A	T	X	L	I	O	J	I	F	C	D	D
Z	G	E	E	W	O	X	X	R	A	D	A
R	O	S	N	P	B	L	A	G	T	J	M
V	B	T	O	A	R	C	H	C	A	I	I
A	W	C	Z	O	S	G	T	O	O	Q	M
V	S	N	C	X	Z	R	I	W	R	U	J
E	U	Y	X	U	C	A	R	É	A	K	B

ATENAS
CARCOR
CARÉA
CATAO
EIRA
ESCOPO
PIOLHO
RODAMIM

103

Y	C	J	X	Z	A	A	H	H	E	H	P
X	U	H	T	L	S	V	A	B	D	Ã	O
X	D	V	M	Z	J	I	O	X	F	J	R
I	V	R	V	W	B	D	R	M	I	M	X
J	N	U	G	A	X	E	F	T	É	T	R
B	D	T	T	W	Z	Z	N	M	E	B	R
J	R	E	B	E	W	W	A	E	R	Y	M
N	B	A	V	J	A	G	C	Y	Y	I	T
G	E	S	U	R	W	M	A	N	R	A	P
X	Y	Z	Z	G	M	X	D	R	G	D	Z

ABDÃO
ABIAH
AMÉM
ANRA
AVIDEZ
GESUR
RUTE
SIRTE

104

A	P	N	X	T	S	T	W	M	A	A	T
F	G	Q	J	G	F	Y	Y	D	C	I	R
S	A	V	U	G	N	R	S	C	A	A	X
A	V	T	T	E	P	O	C	T	C	T	M
Q	K	N	I	W	L	M	Z	E	I	E	A
D	D	B	J	A	K	A	T	M	O	M	D
O	C	D	D	M	Y	O	I	U	N	Y	A
F	V	D	T	Z	P	Q	T	M	F	C	I
Y	R	Y	P	I	V	U	L	X	U	H	A
Z	E	E	H	Y	V	E	N	G	R	E	I

ACACIO
AIATE
FATIA
GREI
HIPOTECAR
MADAI
MAOQUE
QUELAI

105

H	J	G	S	I	V	R	K	W	C	J	Z
O	I	P	A	A	O	P	E	F	B	D	I
Y	N	D	U	Z	B	A	G	B	S	O	V
N	A	F	T	A	H	I	J	R	A	U	H
R	X	J	O	Á	S	K	E	R	A	F	A
R	I	I	R	V	X	T	B	Q	H	H	T
G	B	I	Q	I	E	O	S	H	I	Q	U
N	E	P	J	Q	K	Z	O	R	A	H	B
S	E	T	R	I	X	L	Z	Q	E	N	Y
D	V	M	C	S	W	Z	O	N	L	R	V

ETER
JOÁS
RADAI
RAFA
REBA
SEIRÁ
SETRI
ZORAH

106

Y	Y	O	E	S	D	A	X	O	X	P	R
N	Z	D	U	O	B	P	M	K	D	U	R
G	P	F	J	L	A	Á	H	P	S	H	L
F	U	L	G	S	F	S	Q	F	A	U	A
O	B	Y	T	A	Z	C	S	U	L	P	L
K	P	Y	W	O	H	O	C	C	I	I	L
D	C	A	F	A	G	A	G	U	M	M	M
Q	N	X	I	B	Z	O	S	X	Q	I	Ã
W	E	E	U	Ã	C	A	C	P	Z	O	N
L	G	R	E	G	O	S	I	S	V	P	S

AIÃO
AZAI
GREGOS
HUPIM
PÁSCOA
QUIMÃ
SALIM
ZIM

107

J	E	O	T	C	Q	A	A	O	T	X	E
U	O	H	P	O	É	G	T	Z	E	C	E
T	T	Z	Z	N	J	A	T	V	E	U	J
S	V	V	D	C	T	O	F	E	L	M	E
A	F	B	N	I	L	U	I	T	L	A	C
D	X	H	W	D	N	M	R	Y	U	M	E
E	O	W	Z	A	T	Y	S	W	X	A	L
K	J	W	W	D	M	W	S	T	S	A	I
D	V	S	J	Ã	K	C	N	D	F	T	A
O	M	O	I	O	T	X	V	H	H	E	S

AZEM
CONCIDADÃO
ITLA
JECELIAS
MAATE
NÉA
TOFEL
TSADE

108

Z	O	V	F	T	C	Á	V	Z	E	D	H
M	Y	F	H	L	M	M	O	N	T	E	S
G	M	Q	O	U	F	P	D	B	P	E	J
F	O	O	H	A	T	U	S	G	F	Z	I
X	G	B	A	L	A	A	J	Z	W	B	S
S	Q	B	B	W	H	G	G	Z	B	A	D
V	R	H	B	L	N	K	J	E	H	I	O
D	N	E	A	R	I	A	S	Y	I	N	K
N	F	P	C	A	R	W	H	T	I	I	O
Z	Y	T	Z	A	C	L	S	L	Y	S	F

EZBAI
HATUS
LINO
MONTES
NEARIAS
PALHA
RECA
UMÁ

109

U	X	V	S	I	H	D	T	J	K	H	M
Z	Y	A	D	E	B	I	R	M	G	D	E
Z	L	G	C	X	K	Z	C	E	G	F	E
N	O	G	M	L	T	U	W	P	C	Z	K
K	N	H	S	F	P	E	X	B	O	H	E
Z	M	N	E	G	L	G	J	O	S	N	B
O	T	K	L	E	E	U	C	R	A	L	Y
K	Q	L	I	Z	N	D	I	I	E	H	H
B	I	T	Z	D	O	E	G	R	B	J	M
N	I	G	L	S	I	L	O	S	C	O	G

CIBO
COSA
DEBIR
FLUIR

GIANE
ITIEL
PLENO
SILO

110

N	K	M	T	A	S	O	D	X	Z	I	L
L	R	H	L	Z	P	S	Q	Z	H	B	S
R	X	E	D	V	S	O	H	X	Y	I	U
S	S	P	X	I	W	D	G	U	U	R	M
O	R	A	B	E	J	O	A	N	Ã	R	R
R	E	P	V	C	T	I	F	S	A	D	J
X	D	A	R	Q	K	A	G	B	Q	I	B
G	T	R	B	A	L	S	A	L	Ú	S	A
S	A	T	X	G	T	U	R	B	A	R	Z
J	U	U	V	T	J	O	K	D	Z	X	A

ALÚS
JOANÃ
ODOIAS
PRATO

REXE
TAU
TIFSA
TURBAR

111

C	Y	S	E	I	R	K	J	G	O	Z	Ã
G	R	W	P	D	W	A	S	E	Q	A	M
Z	E	S	S	G	O	I	F	V	Q	L	Y
W	V	M	T	N	K	I	E	U	D	M	Y
A	E	L	K	V	M	K	N	L	D	O	Z
G	L	Z	F	L	F	A	E	R	Ã	M	N
K	A	R	S	V	A	B	C	U	T	O	N
W	Ç	E	Q	Z	Z	E	E	G	U	I	Q
A	Ã	M	W	V	R	L	R	J	H	J	F
V	O	O	M	Z	M	F	A	R	B	S	P

ABEL
ELÃO
FENECER
GOZÃ
RAFU
REVELAÇÃO
SEIR
ZALMOM

112

B	W	B	N	M	L	R	U	F	O	B	U
S	N	E	N	R	G	F	J	K	C	F	E
L	E	Z	P	W	J	J	E	N	A	P	C
R	P	R	O	G	R	E	S	S	I	V	O
J	H	E	T	U	K	F	U	C	Z	I	A
F	G	G	D	Ã	W	R	A	N	Z	J	R
X	H	D	W	K	E	L	E	A	S	A	P
Z	S	D	C	B	E	B	B	N	S	Q	W
C	R	I	S	I	H	I	G	A	D	H	O
Q	Y	P	H	E	N	Y	B	W	F	X	K

ECOAR
ELEASA
HIEL
JESUA
NIBAZ
PROGRESSIVO
SERTÃ
ZIA

113

G	R	A	K	A	D	B	R	A	A	C	Y
P	I	S	Q	V	F	I	K	B	X	Q	E
X	H	T	P	I	I	Z	E	D	J	U	O
S	Q	A	B	D	B	T	A	P	Q	L	V
O	D	G	B	B	P	A	I	E	E	W	T
V	Y	W	C	I	O	Z	R	N	H	B	O
M	L	P	F	B	U	O	G	J	A	I	Y
T	E	G	C	I	S	A	R	I	Z	B	H
G	A	L	I	M	I	Q	Q	U	F	G	M
K	D	L	G	R	O	Y	S	I	Q	M	U

AGNELO
BIZTA
GALIM
ISARI
POUSIO
SOREQUE
TEBA
UZI

114

I	Z	O	R	A	T	I	T	A	S	R	F
M	Y	T	I	N	H	Z	X	B	Q	Z	H
P	G	T	K	G	U	I	H	D	I	X	U
R	Q	E	F	E	N	A	Y	A	L	X	F
E	I	G	U	L	D	S	H	A	M	Z	A
C	R	F	O	A	S	N	G	V	H	F	H
A	A	C	C	A	D	O	E	N	S	M	W
Ç	W	O	W	M	M	A	L	A	D	S	N
Ã	X	Y	U	B	P	Y	P	P	C	I	Y
O	N	E	I	Q	V	A	Y	I	Z	N	S

ABDA
AHIYAH
ANGELA
HUFA
IMPRECAÇÃO
IZIAS
MALA
ZORATITAS

115

T	P	V	E	V	R	Z	O	T	Q	G	K
Q	K	T	I	Q	V	W	N	X	M	H	V
C	W	U	A	U	W	F	Q	P	A	W	U
M	W	T	I	N	P	S	R	L	L	D	T
X	M	I	H	H	A	C	A	M	O	M	U
X	J	A	F	É	R	T	N	B	É	E	M
U	E	S	L	E	D	N	O	M	S	K	I
U	Y	E	L	V	I	W	D	T	W	E	M
T	A	O	U	L	M	S	U	H	E	D	J
Q	F	M	O	C	D	U	F	Y	L	R	J

ALOÉS
ANATOTE
ARDIM
FOLE
HACAMOM
JAFÉ
SEOM
TUMIM

116

S	P	L	T	U	H	Y	V	J	P	V	A
Z	L	E	T	A	O	F	A	I	E	Y	N
A	T	D	I	I	M	R	E	G	R	A	T
T	A	G	F	Y	A	N	U	T	Q	M	I
C	N	F	E	F	E	T	O	T	G	A	T
G	G	E	S	Ã	R	B	R	M	L	R	É
C	D	Q	J	O	V	L	O	N	J	F	T
V	Z	A	X	H	B	Z	U	F	E	O	I
Q	E	E	B	E	E	M	O	T	E	M	C
U	D	E	S	T	E	R	R	A	D	O	O

AMAR
AMNOM
ANTITÉTICO
BEEMOTE
DESTERRADO
GESÃ
HOMA
ZUFE

117

B	U	Q	L	Z	E	X	O	I	P	M	N
Y	D	S	S	W	Á	N	T	S	P	A	Z
C	L	E	V	Y	G	C	A	H	G	O	P
I	F	M	K	M	U	I	E	B	Y	I	N
A	A	X	R	P	A	A	J	W	I	M	Q
C	L	H	V	S	I	Ê	R	E	I	S	O
J	V	H	I	E	J	X	D	P	W	C	M
F	Z	G	D	Q	O	O	Q	F	H	V	B
W	Q	U	A	B	E	D	L	N	L	Q	O
N	J	U	H	F	L	O	J	M	P	N	F

ÁGUA
ÊXODO
ISAIAS
JOEL
JUDEIA
PAZ
REIS
VIDA

118

D	N	C	M	B	V	D	J	J	D	S	Y
A	A	O	O	Y	S	T	M	O	U	P	C
W	D	L	K	T	I	L	A	R	O	P	Q
A	I	Z	K	C	I	N	J	Z	P	N	U
K	R	J	F	E	Y	D	E	E	P	V	S
K	D	K	L	Q	L	E	I	K	P	Ó	U
S	X	L	B	N	U	I	Í	A	M	K	R
D	C	Q	E	Z	Y	R	Y	A	N	A	A
W	M	X	I	T	Z	U	T	Q	V	O	I
B	E	S	T	I	A	L	I	D	A	D	E

ADOM
AMÓS
BEIT
BESTIALIDADE
COTIDIANO
IZRÍ
NADIR
USURA

119

F	X	S	S	U	N	Ã	O	B	K	Z	E
L	F	D	H	V	E	W	U	J	S	H	J
W	R	F	T	C	A	C	E	W	P	D	N
T	K	L	W	B	C	Q	D	T	W	F	J
I	X	K	A	Z	A	X	A	O	R	E	G
P	R	Z	J	Q	Ç	H	Q	R	T	R	G
T	C	P	E	O	A	S	B	O	A	Ã	D
F	X	W	E	R	P	O	B	R	L	B	U
I	X	P	J	E	C	O	L	I	A	O	E
C	Q	I	K	P	L	I	V	O	R	M	Y

ARABE
CAÇA
DOTÃ
IRPEEL
JECOLIA
OBOTE
SUNÃO
TALAR

120

A	S	B	D	J	X	G	T	M	I	O	B
A	O	F	W	X	L	A	M	E	L	F	S
H	Z	S	A	Y	I	L	T	Z	L	Y	K
D	V	I	Q	E	M	Á	S	F	S	E	J
A	G	P	D	C	R	L	R	U	S	L	M
F	B	A	B	Q	A	P	W	V	E	M	E
S	C	A	N	B	F	X	Z	U	O	B	C
W	U	S	A	A	H	E	N	C	Q	R	D
N	R	N	F	Ç	O	E	S	T	E	R	E
Y	X	E	D	O	P	R	D	W	J	T	H

ÁRVORE
BAÇO
CADEIA
ESTER
NABAL
NAOR
PENUEL
TELEM

121

O	D	O	N	M	M	Q	W	S	N	O	B
U	T	R	T	T	A	M	E	O	N	M	M
N	H	R	Z	Q	S	J	M	N	H	J	A
R	D	S	X	J	Y	I	A	M	Z	T	G
V	K	G	Y	Y	R	R	T	S	M	M	I
X	P	Q	T	D	Z	D	K	I	U	A	A
H	T	O	A	F	R	E	G	A	P	B	W
B	S	D	Q	F	U	L	N	W	I	E	E
A	A	G	Y	A	F	E	Z	N	M	L	F
H	L	P	C	Q	Z	A	C	S	G	T	W

ASOT
DELEA
HADADRIMON
JASUBE
MABEL
MAGIA
MUPIM
NAUM

122

L	L	A	R	E	V	U	R	Q	L	Z	U
F	Y	S	U	Z	D	Q	K	K	O	X	T
A	T	C	C	O	C	E	W	L	F	K	A
I	A	W	B	F	H	D	B	Z	L	K	D
H	U	G	Z	N	E	U	Z	A	B	H	E
I	G	B	U	N	O	A	L	Y	L	A	U
O	E	R	E	A	N	R	H	D	F	O	V
L	B	Y	F	E	N	D	T	B	A	I	O
U	I	M	M	E	C	O	P	R	A	T	A
V	M	F	A	L	Q	S	D	O	V	A	O

AOITA
EDUARDO
GEBIM
HULDA
MENA
NEUZA
PRATA
TADEU

123

Z	O	T	E	U	X	O	P	W	A	X	M
X	Q	O	M	R	A	A	N	B	I	I	W
R	G	H	E	Q	S	L	A	A	C	G	O
Q	A	A	Z	R	O	N	J	I	S	X	H
Z	S	L	Y	N	E	V	S	A	T	R	I
T	X	A	E	D	O	N	I	M	S	A	R
B	H	C	H	R	I	S	T	I	A	N	E
Q	I	A	O	M	A	H	Y	P	F	U	N
J	U	I	Z	A	Q	R	W	Y	W	I	S
K	Z	Y	M	H	L	H	D	E	V	R	D

AIAM
ANUIR
CHRISTIANE
DENABA
DONIM
HALACA
JUIZ
MAASIAS

124

W	E	B	A	L	E	Z	A	A	C	B	I
W	B	B	O	O	Q	K	F	Q	X	D	R
C	U	I	G	K	A	X	S	D	U	M	M
T	A	L	G	N	A	N	O	J	Z	P	H
D	R	R	U	X	M	R	B	R	V	X	T
B	L	E	E	F	Q	P	E	J	L	J	E
E	R	K	T	I	J	X	S	N	D	A	A
A	E	B	A	L	S	O	U	O	K	Z	T
W	V	Z	B	Z	N	P	E	H	X	N	R
I	Y	J	A	X	L	Q	F	N	I	R	O

AREUNA
EBAL
JUDI
KAREN
LEZA
ORLA
REIS
TEATRO

125

Y	F	C	I	R	B	F	K	L	E	I	L
L	P	U	E	L	R	N	E	S	T	I	É
Y	T	B	L	A	G	F	P	M	O	D	I
B	E	R	W	Y	A	O	V	K	B	Y	A
S	H	S	S	A	M	E	Q	U	E	P	U
F	W	H	U	C	A	C	M	E	D	O	S
F	D	X	W	S	Ç	J	M	F	E	E	A
D	A	C	G	Z	Ã	J	U	Y	G	S	P
I	F	Q	J	S	A	K	H	H	Y	I	I
A	R	Z	W	C	Y	C	Z	H	X	A	G

LÉIA
MAÇÃ
MEDOS
OBEDE
POESIA
SAMEQUE
SEBER
SUSÃ

126

Z	B	Z	B	Y	L	X	S	E	S	A	L
J	J	T	C	I	Y	F	Y	R	M	U	R
P	C	N	A	P	A	D	K	T	Q	C	J
Z	A	M	M	L	C	X	Ã	S	W	V	O
N	A	X	M	X	U	N	Y	C	F	G	K
J	C	H	C	Y	E	D	R	A	M	D	G
I	Z	T	A	Z	K	L	I	Q	U	B	H
U	Z	X	H	E	S	E	R	R	R	S	I
C	L	Y	S	X	Q	V	U	Q	T	H	R
N	U	L	G	O	M	R	U	P	A	W	A

ALUDIR
HESER
HIRA
JAMAIL
MURTA
NANCY
SESA
ZENÃ

127

O	X	Q	C	J	X	H	N	G	K	U	G
T	M	U	R	Á	C	U	R	E	G	O	D
A	W	I	B	B	Z	N	J	V	L	A	C
P	A	A	T	A	R	V	E	T	X	Y	O
Z	R	V	M	I	N	E	S	V	P	G	R
A	J	R	A	O	D	T	I	A	F	Y	R
I	T	B	G	E	B	E	O	K	G	U	E
Y	E	S	R	K	S	J	E	O	P	Q	I
N	P	E	K	E	E	D	F	O	Q	I	O
P	B	S	R	R	W	I	I	F	D	J	P

ARABÁ
BEREDE
CORREIO
GEBE
JESI
NEBAI
REGO
ZAIR

128

T	E	B	Q	E	X	J	R	P	R	I	I
I	Z	O	R	E	A	A	U	L	R	Z	B
U	E	H	B	L	Z	H	T	Q	G	A	Z
Y	E	L	I	O	T	I	E	A	G	Q	L
B	G	U	Z	R	L	O	M	W	L	F	J
G	V	C	N	A	M	W	Q	A	F	I	V
E	O	I	M	U	S	Ã	U	K	D	P	A
I	V	O	B	B	F	F	O	U	H	E	O
U	E	F	J	T	O	R	M	I	C	L	L
A	M	I	H	M	H	R	Q	L	Y	T	Á

ADEL
AOLÁ
ATALIA
IRMÃO
LUCIO
MALI
RUTE
ZOREA

129

O	X	P	I	J	C	D	L	B	A	U	U
V	N	S	K	E	O	M	U	D	Q	J	T
Q	H	N	J	D	N	Z	I	F	A	C	C
P	F	T	U	F	C	D	W	N	C	L	J
K	Z	Q	Z	C	I	M	G	A	B	G	K
A	Z	G	M	C	T	W	A	Y	O	J	B
N	T	A	A	D	A	M	A	L	R	P	P
W	V	A	P	U	D	E	N	S	S	Q	C
U	P	S	M	U	O	S	É	I	A	S	J
M	W	F	U	O	X	J	I	Y	R	J	C

ACBOR
ADAMA
CONCITADO
GAAS
IDIDA
OSÉIAS
PUDENS
ZIFA

130

M	A	H	X	O	M	P	J	N	U	D	C
E	V	V	A	A	M	S	F	A	E	A	B
L	O	U	V	O	R	M	A	Z	R	R	T
Q	U	E	D	V	G	S	S	L	K	B	V
U	N	I	M	B	I	N	A	L	W	A	E
I	G	Z	N	N	R	M	Z	Y	B	V	X
R	Y	O	H	Z	H	P	U	I	A	S	R
Ã	U	Q	R	W	K	S	Y	I	R	J	G
O	Q	C	O	K	O	B	N	B	A	H	U
X	S	L	M	Y	T	R	Ó	F	I	M	O

ARBA
ARBE
BARA
GIDOM
IAVE
LOUVOR
MELQUIRÃO
TRÓFIMO

131

W	W	H	Y	X	R	B	O	X	C	A	V
M	M	Z	O	V	K	J	R	X	Z	C	J
R	A	O	J	A	S	O	M	E	G	Â	A
P	T	S	K	X	Ã	J	Z	M	Q	N	N
H	A	Z	J	R	Q	Q	G	L	O	O	G
E	T	N	D	I	K	O	E	S	F	N	E
P	A	N	H	I	X	A	L	S	I	R	L
G	A	C	Y	F	Z	B	K	Z	R	Y	O
H	D	A	L	I	T	T	S	W	S	O	H
P	F	H	M	P	Z	G	G	I	A	K	R

ANGELO
CÂNON
HANDRÃO
JASOM
MATATA
MIZAEL
OFIR
ZEZA

132

E	Ó	Y	D	A	E	Z	Y	C	H	F	F
N	E	R	I	N	N	P	G	I	C	F	L
C	F	O	I	M	N	N	A	T	O	A	F
A	U	Q	N	O	I	T	Z	O	I	A	X
R	D	R	F	X	N	L	Ã	I	J	T	F
N	T	S	I	H	Q	O	O	Z	N	E	H
A	C	U	F	E	F	J	L	Z	P	R	A
Ç	Z	E	B	U	L	O	M	M	A	L	A
Ã	N	K	W	S	Q	V	P	I	L	O	W
O	Y	A	D	J	I	I	R	F	T	U	S

ENCARNAÇÃO
FAATE
GAZÃO
ÓRION
PALT
URIEL
ZEBULOM
ZINRA

133

I	E	V	A	N	G	E	L	I	S	T	A
J	Y	N	H	T	W	D	M	O	B	J	C
E	Q	F	Y	S	Z	E	J	H	O	E	F
O	V	U	R	M	A	Q	U	I	J	S	M
R	C	M	M	B	X	C	X	O	O	E	T
Ã	Z	A	J	G	S	O	H	X	B	D	A
O	G	S	I	Q	A	V	A	A	A	E	I
R	M	R	S	Z	W	J	E	E	N	U	V
U	S	I	I	V	E	O	E	C	C	R	Y
G	B	S	Z	Z	S	F	U	Z	A	X	I

BANCA
BOJO
EVANGELISTA
JEORÃO
MAQUI
SACHA
SEDEUR
SIZA

134

G	U	A	U	Y	H	L	M	Y	A	V	H
G	O	Z	N	Y	H	M	B	O	X	R	M
K	L	S	O	B	V	G	T	M	J	U	V
H	V	F	G	H	U	I	O	R	A	U	M
F	X	D	Z	S	T	T	N	N	O	G	X
E	S	R	E	Z	E	X	J	A	Z	E	L
X	V	E	I	B	Y	U	M	O	B	R	T
N	S	S	I	Q	N	H	Y	N	D	L	E
R	S	G	S	X	K	G	B	M	O	X	O
E	H	N	R	Q	O	G	N	T	C	T	G

ESSI
GIBETOM
JAZEL
NAUM
REZE
SEIXO
TITO
YAVH

135

S	W	B	M	I	W	X	R	C	J	F	J
F	S	H	I	C	O	V	L	S	K	P	O
J	V	R	P	A	R	G	U	T	O	W	D
F	Ú	O	H	T	G	W	Z	J	S	C	E
Q	M	B	F	T	Y	E	I	T	C	N	C
A	A	T	I	S	M	C	A	R	I	N	A
X	R	A	J	L	I	T	V	E	H	É	N
F	V	N	Z	T	O	S	L	N	M	M	I
Y	D	T	T	Z	I	D	E	O	D	Z	Ã
F	A	E	H	P	N	Z	T	Y	T	N	O

ANIÃO
ANTE
ARGUTO
CARINA
JODE
JÚBILO
TOMÉ
VOFSI

136

U	S	Y	N	Q	S	S	F	K	B	O	C
C	S	C	E	J	K	Z	L	G	K	B	U
D	E	U	T	E	R	O	N	Ô	M	I	O
Y	D	O	W	O	U	H	W	F	I	L	B
O	C	P	E	R	T	I	N	E	N	T	E
F	Q	H	L	E	O	U	F	O	I	R	S
A	E	N	D	E	S	A	F	E	T	O	D
E	S	T	A	N	H	O	W	A	T	E	R
S	A	K	H	W	B	C	F	C	I	U	A
L	J	N	I	N	K	N	H	F	J	H	S

ATER
DESAFETO
DEUTERONÔMIO
ESDRAS
ESTANHO
MINI
OBIL
PERTINENTE

137

G	T	H	L	B	U	N	J	E	H	G	F
P	M	E	H	Z	A	Y	C	Y	M	A	S
R	Y	V	I	M	X	R	U	V	A	Q	B
I	Y	D	E	I	C	M	I	F	R	U	N
Q	J	F	P	A	D	F	Q	O	E	I	A
G	X	Z	N	M	H	S	T	X	A	S	S
R	I	A	X	I	R	O	I	E	S	J	A
Z	I	N	N	M	Z	V	C	N	S	N	D
D	S	I	V	A	S	W	W	V	A	B	E
X	Q	O	I	V	F	Y	J	A	G	R	P

AQUIS
ARIO
AZOTO
DIANA

MAREASSA
MIAMIM
SADE
SINAR

138

V	A	C	X	U	L	F	B	R	S	H	N
T	D	S	N	A	Q	V	D	I	E	U	L
Y	V	T	S	I	I	N	A	A	S	A	O
W	I	I	H	E	K	D	K	F	K	T	K
R	R	G	I	O	A	J	K	L	A	E	E
A	M	W	A	W	I	H	T	A	G	L	A
H	U	H	C	E	F	G	M	O	H	I	N
N	T	Z	M	S	W	V	L	D	D	T	O
V	P	O	E	E	V	D	X	I	P	E	A
J	K	R	U	I	G	T	D	P	S	K	P

AASA
ADAIS
ADVIR
AODI

ARISAL
ASSE
ELITE
IDIA

139

H	F	G	P	M	B	A	X	W	B	I	H
E	R	S	F	S	R	B	Z	L	B	Z	Y
R	A	O	A	R	D	A	O	H	Z	N	R
M	D	B	L	A	X	D	R	R	O	P	G
Ó	R	Q	U	F	L	N	A	U	D	R	H
G	T	S	E	Á	M	V	P	V	M	I	I
E	J	J	R	W	R	F	A	Z	T	A	K
N	P	F	E	U	Z	W	K	R	B	U	P
E	I	P	T	E	X	L	O	A	V	R	Z
S	G	P	Z	Z	L	F	Z	J	V	D	S

ALVA
ERETZ
FALU
HERMÓGENES
HORI
SIFRÁ
TURVAR
ZABAI

140

M	E	W	E	B	X	A	L	A	M	S	C
E	S	U	M	S	N	A	Y	I	K	N	Y
S	E	J	I	O	L	G	I	Z	O	N	H
I	N	T	J	Y	Z	I	Y	V	U	E	D
L	S	S	U	W	A	A	B	H	Z	J	M
E	O	O	Q	C	R	S	U	I	U	W	G
M	Q	I	A	E	Y	A	A	V	A	J	K
I	W	F	G	E	Z	M	C	Q	L	P	H
T	A	N	U	M	E	T	E	K	B	N	D
E	V	P	C	W	L	X	O	F	N	I	R

AAVA
FACA
GIZON
JONA
LIBIA
MESILEMITE
SENSO
TANUMETE

141

E	E	P	M	S	K	A	I	F	M	P	Q
S	J	G	G	D	I	Z	F	U	H	O	F
B	I	B	P	F	M	A	E	P	A	G	Q
A	L	R	A	A	F	N	M	V	W	X	G
F	A	T	O	R	E	J	E	T	M	I	X
O	F	E	L	M	V	V	W	A	Y	N	I
R	A	F	I	V	W	V	J	A	S	B	R
I	C	H	B	H	A	U	K	S	H	S	O
D	E	R	A	I	C	X	Q	B	G	W	M
O	D	T	R	V	Y	O	D	L	C	D	A

AFIA
AOLIBA
ESBAFORIDO
HIMENEU
IROM
OFEL
ROMA
TAAS

142

E	B	Q	O	T	X	M	M	U	M	U	K
H	B	A	D	I	R	O	A	O	E	Q	W
D	A	S	T	T	B	O	M	O	U	Y	O
X	X	W	J	B	J	I	K	L	N	R	B
S	E	R	W	O	R	H	M	V	A	J	I
N	Y	F	B	D	B	A	A	Z	X	Y	A
H	S	Z	A	L	M	O	M	H	K	J	P
K	M	D	T	I	T	O	T	E	Q	O	P
I	A	I	A	E	J	G	J	A	S	P	E
H	R	M	I	F	E	O	H	D	S	E	U

ALMOM
EFAI
HADADRIMOM
JASPE
JOPE
MAIMAM
MAON
TITO

143

M	T	X	M	X	R	J	S	A	A	L	P
A	R	C	R	U	C	I	A	L	N	B	T
T	P	Z	Q	J	F	E	V	D	D	E	I
S	X	V	I	A	U	C	G	U	D	S	M
Á	X	W	N	Q	P	N	G	J	T	X	P
J	X	J	U	M	K	B	U	A	Q	Z	R
A	A	L	A	A	A	Z	M	O	T	T	E
D	A	O	E	R	I	L	T	J	P	R	C
M	T	P	R	T	I	B	H	Y	R	D	A
Á	P	L	D	N	U	G	H	R	P	Q	R

ADMÁ
ANEM
CRUCIAL
IMPRECAR
MALUQUE
MATSÁ
NAFIS
NILMA

144

U	E	K	J	C	K	A	H	D	C	L	X
J	H	M	K	Y	H	E	L	G	A	Z	H
B	A	K	A	I	B	Z	F	X	H	V	A
Z	D	A	B	I	N	K	R	Q	Z	O	M
Q	A	F	N	A	R	O	O	A	N	N	O
D	M	E	I	R	L	O	T	I	I	T	H
I	S	S	V	Y	W	U	U	R	V	V	I
H	A	Z	V	G	Z	Q	K	P	V	Z	A
C	A	F	I	R	A	R	J	V	U	T	I
U	P	O	Z	Z	Y	Q	V	S	C	J	P

ADAMS
AQUINOA
CAFIRA
CASIA
HELGA
MAIR
MEIR
RAIVA

145

P	D	B	Q	L	J	H	I	A	C	U	K
C	Q	I	J	M	K	É	N	O	S	I	S
E	A	Z	L	C	H	I	X	O	A	O	K
T	A	Z	Z	A	P	D	M	I	F	N	U
R	C	X	F	A	O	A	F	F	A	P	A
O	L	V	R	F	C	F	L	T	T	I	A
L	A	U	O	C	B	E	C	A	E	A	A
O	R	Z	O	E	A	Q	E	P	S	P	N
Q	A	Y	L	Z	B	F	A	M	E	W	Z
I	Q	O	A	H	D	P	N	O	T	I	I

ANZI
AZAEL
CAMOS
CETRO
CLARA
KÉNOSIS
RAPINA
SAFATE

146

A	P	E	R	E	M	P	T	Ó	R	I	O
S	P	R	U	U	S	N	S	O	Q	R	Q
S	U	E	H	C	P	N	C	F	X	A	M
U	J	W	A	C	A	C	C	A	H	S	A
I	S	G	C	R	U	T	I	V	E	C	B
Z	S	A	F	W	L	B	F	N	Z	Í	B
S	Z	T	B	D	O	Z	B	W	R	V	A
N	Y	W	Q	Á	X	H	E	U	O	E	A
E	G	I	N	E	E	O	D	I	M	L	C
A	N	N	F	A	T	C	A	R	M	Y	A

ABBA
APEAR
BEDA
HEZROM
IRASCÍVEL
PAULO
PEREMPTÓRIO
SABÁ

147

S	S	D	M	U	U	L	L	N	N	I	R
S	X	W	L	I	P	U	U	O	A	Q	T
R	L	U	U	Q	C	Z	R	W	T	Á	G
C	N	U	V	E	I	A	M	J	Á	S	S
X	T	F	J	F	W	N	L	S	P	H	I
S	D	K	V	I	U	E	E	J	F	O	C
Y	O	E	E	R	Z	E	F	Y	V	S	U
Z	J	E	T	E	C	S	A	M	E	R	T
G	K	A	P	M	G	Z	K	R	X	N	E
P	Q	U	E	Y	H	C	H	Q	E	E	N

ARON
EZEL
JETE
MICAL
NAÁS
NATÁ
SAMER
SICUTE

148

A	W	M	P	G	B	G	H	E	N	O	C
D	B	W	E	H	X	W	B	Z	W	R	E
B	I	F	A	P	O	X	A	E	T	J	P
N	K	N	Y	A	S	F	O	S	X	G	A
D	D	R	A	C	O	V	W	A	Q	F	L
W	W	D	X	I	R	R	E	S	A	M	A
V	L	J	H	E	T	Q	S	A	M	O	S
L	C	G	S	H	N	A	V	Y	R	A	P
M	E	F	T	F	I	S	S	D	N	C	B
Y	T	F	A	U	P	V	H	A	P	R	O

ANAS
ARCO
DINAITAS
HENOC
OFAZ
SAMA
SAMOS
SERVO

149

E	S	C	A	R	N	E	C	E	D	O	R
P	K	H	I	T	Q	T	O	B	W	T	V
N	R	V	G	P	Q	C	A	P	I	P	A
O	Q	Y	T	I	I	Q	U	B	V	M	H
M	D	M	C	L	R	F	A	Y	E	R	A
A	R	J	Ó	A	T	L	F	T	L	S	G
W	W	T	T	I	U	J	Á	U	I	B	H
A	A	R	O	C	Y	N	J	A	Q	F	I
C	U	F	Á	P	A	S	T	V	K	Z	A
F	Y	M	Q	L	A	G	A	R	R	P	I

ABES
AISA
ANÁTEMA
CATÓLICO
ESCARNECEDOR
FURTAR
LAGAR
MÁCULA

150

H	B	M	A	M	O	M	I	C	A	I	Z
B	C	N	T	M	O	M	O	G	D	P	O
S	L	M	X	E	J	A	R	O	A	H	X
P	X	C	J	Z	M	E	N	D	M	S	A
U	K	Y	E	C	F	E	P	G	I	I	W
X	L	B	E	K	R	Z	R	K	B	B	R
R	A	V	S	A	S	I	A	Á	C	N	W
J	S	Z	D	X	B	B	R	F	R	T	E
H	Q	A	C	E	C	A	K	Q	U	I	R
K	V	A	B	P	S	O	F	A	R	W	O

ADAMI
ADAR
ARÁBIA
JABEZ
MAMOM
QUIR
SOFAR
TEMERÁRIO

151

T	M	V	I	H	T	L	Q	H	G	N	J
U	A	J	Y	Y	P	N	R	W	Y	A	O
N	C	A	O	C	A	H	W	M	T	K	B
I	R	O	J	P	D	T	S	A	T	I	S
N	I	L	T	T	I	D	Y	P	S	C	A
R	S	A	E	I	M	W	Y	I	X	E	C
A	O	E	X	B	O	E	G	S	Y	P	R
N	L	D	M	H	O	G	S	Q	P	Y	O
M	A	J	A	F	A	N	M	O	S	A	X
D	R	F	H	W	P	B	A	W	K	Q	N

ACRISOLAR
ADIM
ASER
LEBONA
LEET
MOSA
NINRA
SACRO

152

B	U	S	V	N	D	B	Z	G	G	R	X
I	A	Y	R	T	X	I	P	U	I	I	F
D	O	A	R	B	E	M	S	Z	A	B	C
F	E	S	S	E	X	D	J	A	D	A	H
V	V	V	R	A	E	O	J	L	Ã	X	X
J	I	G	B	X	D	I	E	J	O	G	O
R	S	F	C	O	R	Í	N	T	I	O	S
X	C	R	L	U	O	T	D	F	S	H	Y
C	O	N	T	R	O	V	É	R	S	I	A
Z	M	Q	A	T	D	H	J	P	G	G	A

ADÃO
BAASA
CONTROVÉRSIA
CORÍNTIOS
DISA
FESSE
JADA
URIJA

153

P	B	T	O	G	H	Z	H	I	P	I	G
J	D	H	V	H	Y	E	Y	E	P	W	Y
S	Y	I	Q	Q	H	V	R	C	R	U	R
S	M	I	J	E	R	D	O	E	X	I	V
E	I	I	G	A	J	R	A	F	S	R	E
M	D	F	M	Z	T	A	T	E	A	I	L
I	L	S	R	A	M	C	V	T	J	F	A
S	A	M	E	A	M	A	S	Á	V	A	S
P	L	N	C	C	H	B	Y	Z	O	P	A
R	H	G	M	C	X	E	Z	G	Z	L	V

AMASÁ
CHAVE
ELASA
HERESIA
HERI
MIMAM
PASMAR
RACABE

154

E	N	C	A	N	T	A	M	E	N	T	O
Z	M	C	K	N	K	N	U	E	B	C	C
A	H	W	L	X	H	P	M	A	X	W	I
G	E	Z	C	H	V	O	S	D	B	O	T
E	E	D	O	D	N	J	E	X	F	B	G
U	C	R	U	L	E	B	P	O	L	Q	G
K	V	E	P	X	I	M	V	J	K	A	I
N	I	A	E	Z	A	M	Y	K	V	R	O
C	N	I	C	O	G	E	A	I	S	S	M
C	D	A	A	D	O	N	I	R	A	N	M

ACZIBE
ADONIRAN
AGEU
ENCANTAMENTO
GIOM
NEIA
NOME
PECA

155

H	U	H	O	J	H	O	O	O	D	T	C
A	A	C	L	É	K	C	Q	I	Z	P	S
L	S	M	N	E	P	T	P	D	B	W	H
E	W	B	O	H	X	J	L	X	V	T	I
L	A	W	A	M	Q	W	R	T	U	T	L
J	D	V	W	Y	M	G	V	Q	H	O	D
U	S	E	B	A	S	T	I	A	N	A	A
O	U	M	P	A	X	W	L	F	U	S	M
I	N	D	U	M	E	N	T	Á	R	I	A
L	I	T	O	S	T	R	O	T	O	S	S

HALEL
HAMOM
HILDA
INDUMENTÁRIA
JABNÉ
LITOSTROTOS
SEBASTIANA
SUNI

156

L	Á	Z	A	R	O	H	S	V	R	T	L
P	A	S	A	N	C	W	J	A	Q	V	X
A	M	J	O	R	D	W	L	E	H	Q	B
D	I	Z	G	W	T	E	P	G	J	S	R
A	S	M	N	D	T	A	W	U	O	U	H
I	O	Z	Z	A	A	I	P	B	G	T	M
A	G	Z	T	Á	N	H	U	A	U	X	I
S	R	S	L	A	Y	D	I	E	D	I	U
I	E	E	W	Q	C	J	L	Y	J	W	O
X	S	U	K	H	I	I	D	X	S	X	H

AGUR
DAHI
ESTATELAR
JEJUM
LÁZARO
PADAIAS
SELÁ
ZARTA

157

M	A	B	P	I	L	E	I	A	C	W	K
K	U	N	R	K	M	I	J	O	É	R	K
V	O	X	I	E	L	O	A	S	L	P	E
W	Q	X	S	N	U	S	E	X	E	O	S
Z	C	H	B	I	L	E	A	X	R	G	R
W	T	A	P	B	P	R	C	L	E	Z	O
H	S	R	L	C	U	T	U	G	E	A	M
A	I	L	L	A	O	A	L	E	V	F	K
K	R	Q	L	I	T	E	N	E	Y	O	E
B	A	C	R	I	S	I	O	U	S	M	S

ACRISIO
CÉLERE
ESROM
LAURA
PILEIA
SALEFE
SIRA
ZAFOM

158

H	M	D	V	T	Y	A	Z	M	D	O	L
V	Z	A	W	P	O	P	O	X	W	L	T
U	G	I	B	N	Z	D	Z	K	C	I	O
L	U	M	A	I	X	B	I	Y	N	V	T
G	U	C	Z	M	T	E	K	A	I	E	O
Z	I	N	N	A	K	A	O	T	S	I	J
A	K	B	E	C	V	P	L	A	C	R	D
W	P	P	A	E	K	A	I	I	Z	A	H
O	V	Q	L	D	P	O	R	A	C	J	Z
H	L	X	Q	A	B	V	A	S	W	J	H

ABITAL
AICAN
ALTIVO
ATAIAS
LIRA
MACEDA
ODIAS
OLIVEIRA

159

S	G	L	O	P	J	P	I	T	E	I	X
I	R	M	A	S	F	K	L	S	A	O	K
Q	S	H	G	I	S	C	L	F	R	A	C
Y	Y	P	A	R	J	W	T	D	N	N	A
Q	Z	S	A	O	K	P	J	Y	O	S	R
O	M	R	M	C	X	E	F	V	N	I	M
N	A	C	W	O	W	R	W	R	Q	B	I
S	X	L	Z	A	H	E	A	Z	O	H	A
K	H	P	E	A	G	Z	J	T	V	D	Q
Q	T	S	L	T	I	M	M	B	A	B	A

ANSI
ARNON
CARMI
IZAR
PEREZ
RODA
SARAR
SIROCO

160

C	S	A	M	A	R	I	T	A	N	O	S
Y	G	F	A	T	S	S	S	D	T	O	E
S	M	S	A	U	D	X	B	W	K	N	N
Y	B	L	R	H	A	D	U	F	E	W	U
H	M	A	U	T	F	J	Ã	U	U	S	A
J	U	Z	U	T	N	T	R	N	Q	A	T
A	X	U	J	C	E	T	X	D	Y	R	Q
R	I	F	S	Z	M	S	X	A	R	E	D
Q	B	K	P	E	C	O	D	E	A	D	U
Y	X	Q	D	Z	Z	O	R	E	W	A	K

ADUFE
DAFNE
FUNDA
PECODE
SAMARITANOS
SAREDA
SENUA
ZETÃ

161

R	S	Q	Á	Y	T	S	H	Z	P	A	G
H	E	L	E	Z	B	N	W	C	I	B	K
B	A	N	U	Y	I	O	E	V	N	Q	F
C	F	Q	B	B	E	H	I	K	R	A	Y
T	R	V	I	N	B	L	Y	B	A	J	M
G	F	Z	F	H	R	M	O	C	L	A	A
X	F	P	K	B	O	P	S	M	E	G	R
K	U	P	M	T	W	I	W	V	L	C	G
R	H	U	I	O	L	S	C	H	M	K	O
P	D	C	M	P	Q	U	E	D	A	A	T

CALÁ
ELMA
ELOM
HELEZ
INRA
LIVIA
MARGOT
QUEDA

162

W	C	O	X	E	A	R	H	I	Y	H	N
U	Y	I	X	Z	O	S	A	A	B	I	Z
T	T	P	O	K	Y	P	G	E	B	P	S
L	U	Y	A	J	O	W	Z	D	Y	A	M
F	P	A	L	Ú	S	F	Z	U	J	M	E
V	K	C	M	C	C	P	Y	I	K	C	R
S	Y	K	U	G	H	X	N	J	K	X	O
S	L	I	F	R	B	B	J	R	E	S	M
E	B	E	N	U	I	Z	I	E	P	E	N
A	U	S	N	Ã	O	M	E	C	P	P	I

BENUI
COXEAR
HABA
IBNIJAS
MEROM
NÃOME
PALÚ
URIM

RESPOSTAS

001

K	M	Q	Q	T	N	K	W	M	E	C	I
B	A	J	F	E	E	X	L	U	D	G	R
Z	O	A	N	M	M	M	V	D	L	C	P
K	Y	B	E	S	P	A	S	O	L	O	R
G	Y	A	L	L	Q	N	C	A	D	O	R
N	K	P	X	P	N	Y	L	T	H	W	Z
T	T	A	S	P	W	A	Y	D	M	J	X
H	I	X	Y	I	P	F	A	Q	E	U	N
V	W	X	N	E	S	E	O	O	I	U	Z
U	Y	F	C	I	E	I	J	L	N	A	Q

002

J	E	U	D	I	I	M	A	O	M	V	S
Z	D	P	W	G	U	Z	Z	F	D	W	V
R	X	G	A	H	K	E	I	W	N	O	E
C	V	L	I	C	A	E	P	Y	Z	B	M
C	I	I	U	F	N	D	X	C	M	R	T
H	V	S	O	Y	N	O	A	B	M	A	I
K	Q	K	K	V	J	U	O	D	I	N	I
N	R	K	O	U	H	H	N	Y	A	O	K
Q	U	Z	I	Y	C	N	R	Y	X	F	H
M	Y	L	A	U	F	N	I	U	K	E	E

003

X	L	A	O	D	I	C	E	N	S	E	S
R	E	Q	C	I	J	U	C	U	O	C	X
K	C	C	E	S	L	I	C	N	G	B	J
S	P	W	T	G	K	D	F	M	O	X	M
R	V	W	H	C	V	Y	U	A	C	I	R
P	J	L	U	D	A	U	U	Y	A	O	W
P	J	B	E	R	O	Y	C	W	J	M	K
D	P	B	O	Z	O	M	M	P	H	I	O
B	A	T	E	T	Y	G	C	G	K	O	E
M	I	B	G	R	T	U	Y	G	Z	Q	S

004

O	X	Z	D	B	S	X	S	Z	A	K	S
Z	B	X	M	S	A	L	M	O	J	B	A
G	R	A	V	A	D	O	U	T	H	P	N
M	A	X	D	X	E	X	R	H	W	T	T
V	O	L	C	I	Z	R	X	G	Y	B	I
B	L	Z	I	V	A	P	A	M	F	H	F
B	B	W	P	L	J	S	M	A	K	E	I
X	L	V	X	M	É	W	Ó	L	H	W	C
H	B	M	B	A	T	I	S	M	O	Y	A
X	H	Z	X	S	E	R	A	S	N	V	R

005

W	W	Q	J	G	V	Z	G	P	Q	I	O
J	H	I	L	D	E	B	R	A	N	D	O
L	X	T	A	J	J	O	V	A	W	B	E
X	B	F	A	U	E	Y	Q	U	G	Z	Z
V	A	U	N	R	N	F	A	L	C	H	C
I	B	R	A	E	M	A	N	T	O	K	A
D	U	G	B	X	B	K	M	X	A	U	D
A	N	E	I	I	E	F	W	L	D	E	I
X	A	A	G	T	X	C	R	M	U	N	R
V	C	C	A	R	B	U	N	C	U	L	O

006

E	B	L	E	P	H	Q	B	Q	N	E	L
F	E	R	O	Q	C	O	W	I	H	X	H
U	I	P	I	X	U	S	P	X	F	F	I
O	F	D	N	B	C	V	P	C	U	N	V
E	A	Y	E	O	H	A	L	E	S	Q	I
C	K	A	Q	T	E	L	A	I	M	V	L
C	R	T	W	V	T	D	Y	E	D	U	I
K	E	Y	I	N	A	C	O	R	Z	B	R
T	V	V	A	Y	X	G	P	A	R	A	U
C	S	D	F	G	J	J	Y	I	J	O	M

007

D	I	L	A	T	A	R	M	J	Q	B	J
J	J	I	S	I	W	E	Y	D	Q	S	Y
T	G	M	C	A	T	I	V	E	I	R	O
F	S	G	E	W	R	U	L	C	Y	P	F
Q	A	N	S	G	T	R	Z	D	E	C	O
J	S	D	X	N	Y	S	J	B	U	Y	V
H	H	H	C	C	S	A	U	P	L	L	Z
S	S	B	A	A	L	T	K	D	L	G	W
P	E	O	H	M	I	M	Y	Q	Y	U	L
Y	M	Q	I	A	G	E	B	A	L	I	E

008

B	J	M	E	W	J	D	L	M	I	Y	F
C	Z	N	N	X	E	W	C	L	A	U	E
S	X	R	V	M	Z	G	W	E	S	R	N
P	O	Q	F	A	G	O	R	O	C	Y	Z
Q	T	F	N	A	O	A	P	I	O	S	R
B	W	W	H	Z	R	U	J	H	V	A	L
A	S	L	V	A	P	Q	Q	A	I	A	N
N	J	E	T	R	O	Z	Y	R	L	B	N
S	Z	I	T	R	A	O	K	R	W	I	I
H	C	J	Z	E	M	A	Q	Z	O	M	P

009

O	E	U	T	A	R	Y	Y	R	I	N	E
A	H	I	A	O	W	E	P	J	G	F	V
P	H	J	E	Z	O	A	R	W	C	D	R
T	F	I	S	W	O	J	I	O	Y	W	O
M	Z	M	R	M	Q	R	W	R	J	F	H
Q	Y	A	X	R	H	M	L	L	G	D	S
L	A	L	J	X	E	E	T	Q	J	I	I
K	K	A	P	O	V	S	G	Z	B	V	S
P	N	H	X	U	E	U	D	E	E	A	B
Q	W	I	Y	D	R	A	D	L	L	E	K

010

N	A	O	T	I	R	A	I	V	M	Y	V
L	E	P	H	B	Y	U	C	X	A	F	P
D	K	F	M	J	G	A	A	O	V	S	K
Z	K	V	O	A	L	U	B	X	D	V	A
T	L	D	H	I	A	M	O	I	I	A	B
P	Z	K	B	B	Q	Q	P	S	M	C	T
C	V	E	M	C	V	C	T	X	N	Y	A
G	I	O	I	H	J	W	D	S	A	P	R
K	M	A	C	N	A	D	B	A	I	R	T
M	N	X	C	U	R	Z	A	F	E	U	A

011

J	Z	L	Q	M	M	V	F	N	A	C	G
U	D	U	D	A	H	R	A	S	P	V	T
U	T	H	L	X	C	U	E	W	K	I	U
O	J	E	E	M	B	O	R	C	A	R	E
S	O	W	S	K	F	V	J	K	C	H	M
T	A	A	I	M	C	I	X	E	E	J	V
S	N	B	U	U	I	C	R	F	O	K	M
M	Y	I	E	R	H	R	X	T	T	I	Y
Z	Q	X	S	U	E	E	N	U	H	D	I
G	B	R	O	Q	S	A	K	A	D	O	L

012

F	B	M	C	X	I	K	R	J	R	P	H
Z	A	Z	S	I	J	P	A	C	A	W	T
L	N	E	P	S	E	R	O	M	W	R	V
H	I	D	C	R	T	J	S	N	R	V	I
A	R	E	V	P	P	I	A	A	Z	N	I
M	F	L	H	S	F	R	G	S	U	E	L
U	Y	X	Y	N	O	O	S	Y	V	Z	F
D	R	D	E	K	R	E	Z	H	U	P	A
V	A	M	H	B	Z	K	Y	H	J	E	U
T	I	B	A	E	E	H	W	T	K	O	V

013

Q E F X O C H E B F M X
D L W N M A K F O P L K
V R U I M K O A E W I F
F G A T P P C G R E G F
T W I D W F A L E T E C
M R W I F G H O G L A W
L P U M H A O M T J U I
F B S O V X V K U D C X
A I R M B E S A L E F O
T V P W B W O Z L K P Q

014

S U Z X O U M E I D A C
Y G Q A A I R L T D M H
U L S Q H T M I D I M N
E B A W E Q R C G A V Z
I T F P Z U L A R D C S
N C P U N E X B G A C Q
A Q O L R U Z G V Y E T
N A I E Q Z V N I U I Y
Z G I C T D H N P V F E
S H C A P V A S O S A B

015

O U D D D T K R T N S F
K R R Y H I A A D E B P
M N D X A Y F N S R W E
Y A J W I S N N N J U B
S R T X P M E N K A C I
W N M A M P M T B A A H
Y Y A M I S F W R D O D
F V K L W Z B H A O L L
U O E T K E I B R I N G
X F Y T Z T P M A R I U

016

B Q T C T L A U P M H Y
O V N R S V B H C I R O
X E L L R J L E M A U S
U B J I S T K G R J R S
P Z X L H A H K Z C I M
T W J I K F L B C B A Q
U Z Q T M S X W M R S Q
K Z W E D C D B F W R T
T O N R A A B E Y Y M M
I Q R F H U Y I M E N E

017

M W U P K A R I N A X I
H P H J M L W A R A R A
A M I D O H H A O E S N
J N M O B E M D Q O I B
Z T Y C K U A D A C E E
C B N N R L C C A L M J
A F A R I D E Z A G W B
Q S E X J L L T I S O J
A V E D E Z C M A O W M
O M L B V W C U T E M A

018

O Y T N U W P F Z U O Q
S S K M E R A J K D M T
U A C I J Z D J I P I F
M C N V Q G U C T H Z E
L N I D A V E C P W F L
F Z Z J Y R P P A A I Z
A N P E O J C X S Y S C
Z H T M A B W I I V D Q
T K S A L R R X M F Y Q
W E A I Z E Y K A R K Q

019

P B I I T V A G M J O G
U B A G E L O I Y M M C
F W H J P J H Z V W Q K
H D I D E A I E E L O H
M H A U R O T J Y H B D
Q H N B S V S X Z P V B
D O I E I N D G U W I A
L M A H A R W G A B A N
P E T I N W Y N E T S E
P M J M O I J B P G R L

020

F S N Z M K B E O A H Q
G P F W G O S L V G P R
N Q O T Y V E E R A A W
Q I A L W B Z R H R L Y
W K S U A Q E T U G U Y
P U L G A V P J F X Z T
W Y C N P W N H E P V I
P Y U E Y O C R L O A G
P O Q W C D B Q T H D R
P P X T F L E L I H O E

021

R A A K C T J A R O A C
L R D V V Z Y L O U C O
T I O I Y X T J I D N L
R E R Q B X A B L I E T
J T A G L K H P H Q K R
J N M R D X K N A D B E
X B Y X K M X Q R U I S
O N C C S T X B R O L Q
A Z I I B H R D E K N A
Y L U N O E M I B C H P

022

H Z P X S Q U G Y X H E
E A B E I G I H U K D F
R G F W N B Q P T F E A
O G Q W A A H Z Q V L S
D G H T I M E U S G I P
I A L O V S E E K C A A
A Y R T H B U S I N O N
D U A C Y Q G J C S O A
E D T D I E R T F D C X
S A K H P I H G N E W U

023

E V P U Z I Q O B S K R
D W G H J O H Q I I C H
L H M I N F L U B M S E
K U D I Q I E Y Y O U U
J O I W M E A R W Z I T
I D W S A D H N C U V E
H U L K A E X U E P B B
O O I P E V A H L T A N
P C D T A S Q N A C E I
N L H R E N A E I W R J

024

C L O X K Q G R M I C H
N E S T Z S J Y N F J M
U L S R X C F D L V E O
E O U F B M A A Z Z V Z
Z E M G E S L R U I V E
J F E G K N M J L V M F
K M A K E Q O F R A I A
J M V B O T Q N C J E E
I N C E N S A R I O X L
W I V K R T W V O E I L

025

M S P O L H B F J C F L
A C O R I F P P F I F A
G Q S M P M X T M A Q Y
O I D G I H C J D I A T
S K C N S Z Y Y O W V R
A L A M O L P N E G W I
Z W C Z W Y B Z N A V B
V U H N B E V U G E D U
L E A I Y R C X I T G N
Z F O Q J O R A I A D A

026

J G F G O S E N T R L E
K O J O S F E A I C F S
J G O X X O P I Y Z E T
Z W A B Y I H L E F R A
A T W D Z D P U Z D A L
U N F W Y S M Y M I T A
I K N H K Q O Q J H R G
E X E C R A V E I S V E
P O R T E N T O S A S M
O E S A X M E L W O L A

027

B F T M O B L H S D J Y
S V A R E N D H W U E J
I B Z V Y E O E G M O B
U D E B A O Q E Y J A G
L N J N E B A W V Z D V
I A U S E U R A B L A M
Y X O J E T N I J G D G
J N C Y T A G E Z K Y P
G F K D Y I E O E L Q V
I N D Z H J Z J A N R H

028

Q H A A E X F P A H H J
Q W W R S U Z Z N C C E
A R S I T D U E Z T H X
M A N O A X E U F T Z H
G A Z Q N I C P J I V A
C Q K U I V O D N X R V
M M V E S V D K Q F E P
I A G N L L J T R A G W
U D H W A W Z F S T I Y
K T O P U M I N A M O W

029

D J P J W Z W I Z P A N
O D F K O L A I I D U D
V B L L H L R M R O T V
K G N S E E R A L R Z T
R H Z I B Y U A M A J X
A Q R B A G I H A F B K
R E A D A D I X P R M H
J U S T I F I C A C A O
A U E Z G C T Z E K C N
C R E F E R E N D A D O

030

W C U Y K N A C N C Y G
E P A K J O C L O A U P
O I C I N V T U F Z K R
H J U G S H V F I E F G
Z Q B E R N A G M Z C V
O A E C G V P L A L L S
R V W T A S I C H L O E
V Y P G W K H U B R E M
O P E R Q J T I V E H O
H S A M U A M U D A P Z

031

S T N B G H N R K H Z V
D Z C E W A E S V M U U
H I W E J Q D I W K G H
O P J A O N M O B G K I
M S M L O B A T O G I R
G H U M V W Y Y Y U L A
Z O D A Q O B Z G F A W
K R K H U H X Z N G I V
L A O V E U F Z V H T P
P F Z D F N J Q O R N A

032

J K F Q T L K H R U V H
P C A G R E B E W K X F
W R S Y S B D J O O U E
T G O O R E M U T J H Q
B E C I R R V V R S T K
L K O E K A L A H L C Z
H W F Q E I O O D F Z R
M E W O L A N B U T A D
H J C R I S O P R A S O
K K N N N T X M Z K W M

033

J T I D I S P E R S A O
C P C P X A F I Y M R O
H X S S K E O L V P F H
V M I M S R E L G G U X
A A L R L I W Y U E F B
B J B E T B K U F X O Y
V M U U R U U V Z S Z M
K E C W R E D U M U N L
J E J L B H O Y W L I U
J M O P X U J A L A Z A

034

A D O U T R I N A R I O
H U D L I K D C W F O V
E I H T Q G Y I K Q H X
E Y S E I A X Z N A B J
T G C C E N B W V X C A
X K H A M J A D O M K S
G B Q O I O C A I X O E
C R M F N X Z E L R D M
R I N E X O R A V E L N
R Z V E W W B O C U Y M

035

G D K A J F H V G O D Z
B Y U S F L Y Y J X J D
L F Q T A N G M Y W M E
Z Z C W W R J E U S P W
O Y F R I A A B V C E A
M Y N Q T V Q F P F F J
G O C R B B K V E E L W
I B H B O V Q L C N A A
C D D T A V A I A Z L R
E D R O I X D P F M Y A

036

M I J A M I M L C L I W
W X U O F C V A L T O S
H T R A S P A S S A R A
T V D T J A L N K W L C
Y J X S Q N G V U P F C
J A D Y P G O F E X I O
Q Y R M M K Y R L L O Z
E A V O S L X B Q J U P
X S Q N D Q U C E H L L
L T T P R E K H L L V I

037

W	N	U	T	F	N	I	C	H	O	D	A
Z	M	I	D	M	N	N	X	F	E	L	G
H	Q	S	E	F	B	P	I	W	E	V	T
T	T	V	P	R	B	A	B	U	E	H	A
A	E	I	E	P	E	W	F	S	Y	X	K
G	X	F	N	U	I	K	J	G	Q	A	A
G	H	W	U	R	J	T	L	C	M	O	O
D	C	Y	C	G	O	E	S	B	A	M	R
V	D	N	Y	A	L	Z	L	X	G	E	X
W	G	P	R	R	V	F	H	I	W	F	Y

038

U	J	X	I	U	A	J	U	S	L	A	H
M	L	Q	G	N	M	Y	M	U	C	B	J
X	L	X	R	Z	N	H	P	A	T	Y	Z
K	E	A	B	E	T	J	H	Y	I	E	I
E	S	N	E	T	S	D	M	G	H	D	D
U	I	K	T	A	N	Y	V	I	N	S	A
O	G	L	E	R	N	M	E	Z	V	U	D
L	P	U	A	B	I	A	L	A	T	N	A
W	I	Q	W	J	L	S	Z	T	Y	E	M
N	W	F	A	E	B	D	A	U	D	R	K

039

J	U	E	L	R	H	R	R	N	A	O	M
E	B	V	M	A	O	S	F	D	T	I	B
U	G	P	Q	Q	J	Z	A	N	K	Y	C
G	G	Z	K	V	D	I	E	B	A	M	A
J	H	X	B	I	L	R	Z	Y	X	O	T
L	L	I	N	E	A	R	I	D	A	D	E
X	J	E	N	V	E	G	H	T	A	I	U
A	Q	Y	A	B	Z	Y	A	F	N	M	A
H	H	Z	E	C	X	J	D	A	L	A	V
A	C	X	O	E	J	Q	Z	P	O	X	I

040

M	M	I	W	J	Q	H	E	M	L	N	E
R	N	G	B	V	S	R	X	G	A	M	I
O	D	X	O	G	M	G	V	Y	M	O	I
S	D	G	Y	L	T	W	F	F	U	R	L
I	X	V	I	C	V	A	D	A	R	B	C
A	C	L	I	E	S	L	Y	O	I	D	K
S	A	B	V	A	H	W	S	N	A	H	W
C	T	W	K	K	R	E	R	V	A	G	Z
U	N	B	O	T	J	N	K	Z	T	P	E
O	B	T	F	C	W	J	I	L	U	D	E

041

U	P	G	V	W	F	V	T	J	N	X	H
H	A	F	G	H	Y	G	I	G	F	Q	I
B	P	K	U	B	R	S	I	R	T	S	P
N	V	K	Z	T	L	A	Q	P	A	F	O
I	H	R	H	A	N	J	Z	M	D	O	T
I	W	C	A	M	A	A	D	I	A	C	E
S	C	C	O	W	O	X	J	L	I	K	T
C	V	Q	Q	Z	M	I	S	L	Y	O	I
A	J	O	T	A	O	S	B	C	P	O	C
B	H	C	N	L	U	I	Z	A	U	E	O

042

S	S	C	X	I	K	S	R	D	P	J	G
E	I	M	U	Y	Q	Z	A	L	L	O	N
W	Y	Y	A	J	J	G	Y	F	Z	P	V
H	X	U	U	E	N	O	N	F	I	L	D
H	R	D	D	M	P	X	V	R	J	R	O
T	E	B	O	Y	M	N	F	E	R	L	C
F	I	E	L	S	Y	K	R	W	X	I	A
D	K	B	T	Y	V	D	E	V	U	B	E
K	E	A	P	H	I	J	L	R	S	N	R
E	N	B	S	U	S	P	E	I	T	A	A

043

V	R	A	Z	P	U	B	M	G	W	Q	K
E	E	E	P	D	T	C	A	J	E	O	Q
X	J	B	R	I	H	H	A	F	A	C	B
A	P	G	S	S	A	J	X	X	X	A	P
R	W	R	H	T	T	F	R	J	X	N	Z
S	M	N	R	I	I	Z	E	M	C	R	K
W	Z	M	K	N	L	Z	I	L	J	J	V
X	K	J	Y	C	M	C	A	S	A	S	Z
A	G	I	Z	A	L	Q	S	W	A	Y	Z
H	A	M	F	O	W	P	J	A	G	I	L

044

E	D	U	A	S	P	T	B	I	V	A	I
J	E	K	T	H	M	K	F	V	A	W	E
W	V	V	A	A	W	E	M	Z	M	X	E
A	Y	L	R	Z	S	T	H	S	F	G	S
H	P	A	A	R	N	B	A	S	A	G	A
R	N	P	O	U	J	S	W	E	T	Z	U
A	V	N	E	G	C	B	Q	M	U	S	X
X	H	A	I	O	B	U	E	D	K	T	X
P	N	J	J	M	G	I	E	K	P	U	W
I	N	A	C	E	S	S	I	V	E	L	S

045

R	G	L	P	Q	P	J	M	R	A	T	Z
Q	U	P	H	X	L	O	L	Q	B	I	O
Y	P	L	S	I	E	F	J	P	A	Q	J
A	N	C	D	U	J	A	E	P	D	Z	E
G	Z	Z	M	I	C	A	E	L	E	P	S
A	G	V	R	A	I	G	M	F	D	H	U
B	N	A	R	A	S	I	N	I	Z	A	S
A	M	O	S	P	R	F	D	L	B	J	S
I	O	B	S	T	I	N	A	D	O	A	R
N	T	V	O	D	Q	K	D	H	M	E	R

046

Q	V	K	N	V	J	Z	B	O	J	I	R
M	M	A	N	S	I	D	A	O	O	O	W
S	H	E	G	G	L	T	V	K	N	N	P
S	S	M	E	S	E	L	E	M	I	A	S
N	E	T	J	Z	Q	Q	Q	R	B	Q	E
E	D	O	D	A	V	A	U	W	A	V	J
V	N	T	Q	D	Z	M	E	I	Z	W	V
N	A	D	G	H	Z	D	B	C	U	S	A
W	J	X	Y	B	S	A	A	M	E	S	Y
A	A	X	P	L	F	X	R	Q	B	G	G

047

Q	P	H	S	B	Z	K	L	S	I	B	D
E	S	I	M	M	W	Y	Y	E	R	P	S
F	R	F	J	T	B	K	M	U	H	U	L
R	E	I	M	I	R	I	A	Z	I	T	F
O	H	O	G	L	S	I	K	L	W	B	M
Z	E	E	E	V	N	H	A	L	A	Z	Z
Z	I	O	R	L	Z	A	U	S	N	T	I
R	E	J	S	H	B	W	L	H	Z	F	B
Q	Y	N	P	Y	C	A	Q	T	O	U	A
V	F	O	E	D	A	I	N	M	M	Y	R

048

E	K	O	G	B	M	Q	Y	D	W	C	R
O	C	K	E	Y	N	J	A	S	A	D	A
P	V	O	N	X	O	T	Y	L	R	V	V
U	A	L	R	A	G	F	W	I	S	W	I
E	P	N	B	G	N	M	G	Y	B	Z	T
S	F	J	O	O	F	L	N	C	O	F	E
E	G	N	O	O	U	U	Y	T	N	F	W
F	T	K	D	F	O	R	D	Z	L	N	I
O	B	S	E	D	U	S	T	U	G	P	C
A	Z	R	E	S	P	A	R	T	A	C	O

049

N X G V L C M R R A X M
D M R U F W H W M E H Z
F A B I D V W A A Z Z Z
M I L T A I R Q D J F A
U Y R I D B F B A C Z S
F U K D L H I R L F Q R
G G W T O L P L I Q L Q
E M P E R D E N I D O S
A J A E S C O P D O Y K
I Q I N D E C O R O S O

050

H Y W K Q Q I A N E F H
I Q F H I K D O J D Z T
E D Q R U D Y E K O F H
I N C I R C U N C I S O
T N H N I P S T B Z Z M
W X Z F R V H W Q Y N A
E Y I B U F A R S I M S
Y S A O Q Y D M T F C A
O P R E C O N I Z A R V
H J A N M R Z M Z E N O

051

I L B T R J D R F K J P
V X L J Y H O X N A Y Q
Q R A E P B E S T O M H
R E M A N E S C E N T E
C F Q T Z F H H D V I C
H A U T E A A E N D Z M
F Y X T I W R Z Q E Z J
W V A U X G Z M W N M O
O A D E C A K R K O T X
J O Q U E B E D E S S K

052

V I F N K C O C A I B I
Q B V A E D U C O X N D
R K I H G D I N H U L Y
D P X R A D O C G E B A
O R W S Z B P M A Z P C
C Y O H C A Z I I O N O
E D A T G T V E H Y L R
L R R J K A W I V A U G
A I Q G M X H C T S R I
L G Z N Y I N Z G E Y C

053

T W C O N T R I C A O N
D R C O T L T H O G O X
J A W S Z X L X L L D G
N M N H B M R D G W S O
M A C I P E C E J B T X
T T X M L Z B R B R F Q
R E S Y O O F N A N A D
N Y I G S C H U A F R A
A B S U M B Q R N G L O
O R O C A J W M A J D I

054

U R I Q J J A Q S E X U
E M E I B A G Q M X P U
J C H O D M N B D Y D Z
F T K Q Y U D H W V W Z
X E X D C N X T F M E A
I D P B J D Q J O X T J
N W V A M O R R E U X M
Y U S L D R R F A I A Z
H Z M B P N G L C R Z N
P D E S T E F A N I A U

055

Q H R G P M F I X K M W
Y L H Z Q E G R M S I M
S J M J O J B Q T V G B
S P F M F R Q C X P Q A
Y Q Z S X J A Z R R D A
C A W O H E T J U I K R
Q R H A T A N A L Q V A
E F V R B I D Y R G S O
U Z O B C P R A K R Z P
F M L H V B V H I E X O

056

K I T D S V K G P E E R
S C O N T U N D E N T E
A I B E H I D W Z J G M
R F P E R D I Z Y B U U
V V G A U D X J B N Y O
I J K R M F S E R V W J
A Q Y K C E V E R W O A
I U S I R P L V S S B N
A C E Y L Y A A D E H A
Y N V L T J M Z S U N Y

057

S B I Y G B S N C X T F
Z Z I L M C A E Y B S L
O W P X I M O R M R G M
Z E U A O M Q A E A R R
J P B N H B E Z A I A J
A I A V R O H X H K V W
R O T S E X O L W F I R
A U U V U Z D I D U B R
H F W R Y R A A V N G W
P M T Q O Z E E B E L P

058

Z M Z I L D A A A S W Z
Q A Z H Z B S G R E B N
I D E Y G C Z Q Q Q P Y
B U W Y A G S E U N R F
H L M W P R I O E T U X
A A S D U D X O O Z N E
N S P F C H U S L Z N L
V N I R J Y D O O E E I
Y H R U R U Y T G B X U
C X A W A P C D O A E F

059

T C I H S L B P A X V J
O Y Z O J N X C X H E M
I T J C C J H J N P L A
P T W K Z O C B U H I Q
G I H Z A A O F M M P U
S P E X S J J A F E T E
Q H A R I M Q R D P L L
I K L D P F O B L O F O
C N E S T U I R L N M T
E C U Y Y Y W M E W A E

060

K J J Y L S T Z I T V V
R A L O T E Y T M G J J
T K U P S M R A O M I L
G N D F D K A T B A Z P
H N I A F T E I V A A R
E W J H A L C R F R R O
M B X L C X X A M J E L
A H U A F T S H K Y D E
A S N N V O O O W W R Y
Z A U W J A L J G Z L Q

061

N D T A S F I N I C K F
M O E S C W U R J D S Z
J O K L C A N A O M O X
P D T R I P J Z D O V N
S X Q O P T X W I R L E
L B Y B T F O B E C P O
P K Q O F M Z I L O C C
D U N B O Q U T A U U C
L I N L M L F B S R V N
T R A N S I G E N C I A

062

N X V Q N T V E M Z V D
C T K L H H O N I A S Q
G W U C Y E E O X M Q A
F N Y H C L F M E B S A
M D Z N H I J A Q O B G
S J H J Z O X R D Y M X
A I B W Z D T N D O M P
K Z B U W O O Q M K N J
N U U V A R X A A Y E W
T V I E F O E G L C A F

063

H J B Q O X P R D S M A
A H S H J G H C O E Z E
B V K H Y Z X I B X P A
E P N I B R N B F L Y S
Z M A T S A A R E L B X
I O D O O N J A Q Q T H
N M I A J R I M X F W O
A R A Y S E N A N B Z T
S A Q U Z O R O G G Q I
F I E S D Z X A T O V R

064

Z G G T C F A H T K I M
Z Y Q A W Z J A D O Z G
B N R A X B E U M H S G
E G G A B R I E L E T I
E Z D R V I L S E F Q L
R N V T T Y A E J M A U
Z V I B C C N T K Y Q D
R J W E B E C G A M U I
E O N W M C I L R R X M
I R E S O N S D I P V I

065

M R C J H Y V N T C U C
J C Q Q G A Q S P U V A
H V W O H K D C C Y M P
T P R Q A Y K V Q F A F
M A R A O R U I Z T R V
O S U Z A B J X A F O Y
V L N M D B S A R Z T A
L A J S F M U E M M U W
U F I W W E M E R D R Z
U Y U K R P O S E A A J

066

S C X Y A I W H A B O R
Q I N S U R R E I C A O
E I O S X Q G S K P W X
E M S Q D U X D U F Y Q
Z X J Q O N V A F H I R
Q E P P I P D I S N Y N
G Z T K T A B R I G A S
H T D U D R Y S M J O O
P A M T A A U A A K Q Y
V A K G R M A Z O R C M

067

R C N I C O L A I T A S
B B F X E K A N A A W B
M I T C A D S J M H K B
U H S X K N C B F B O E
B E Q A I U I L E T E T
T W I P D S V N G T D I
A X Q L T X I C N Y Y A
M T F O Q A A O O Z X S
A U I J J P M P M M F H
R R F O L Q P T X T W Q

068

M T U V J H F T K P A Q
K H J D E A N W G R K H
E S W M T L N M U N S B
E S V A T C O F A R I D
C T Y N W A R M Y P V F
Z E B F E L A R M P U A
C M Y B F I M A S M L S
Z P C C U A S B P W F W
Y O B E U S X A R S L U
J L A A K M A M E R V B

069

F I L A N T R O P I A Z
R Y K K F S I E H G B A
P S S J H A Z F W J K L
R B C E D E N G E Y E T
Z P A L U S H E V O K R
E G E P X S D T J A K A
G H I L E A D C O R U A
C I Q S V A C A Z I S Y
C G K T I B O Q R H T T
B Y D C G K X V R P A X

070

M C F G K P F O K A O Q
X T Q A N A N I A C X K
Y B H V A D T T I F H V
K M X G X U T R L O M L
W S O G Y H O C A O F R
H V G L M G E A N C N K
D Q V O E A J B Q R U T
I M S T E O R M S V W J
L I A N Q O M E M A O N
D C R W G M Y Q S U E Q

071

A I V B N K H T T Q F V
S Y L I S J Q W G C L N
A Q R T W Q J L I A T D
F U U I Y W K F T D Z L
J Q O N X N P R G C D A
J E G I A Y O B K F M B
V V S A I P Z Z Q A T R
F Q U I R I A T E R A A
O I I E A E D R N A A M
G H P D M S M E K A Z E

072

P L V G Z B N E S M M A
Q N O D A N M D P I H J
T T K V E I A T I P V Z
H A R B A G H C A R L A
J B O R M C D L A T E L
N R B W V V A L K I F A
H I X V S J H K O D S C
S M Y C O K C B S E W P
N O G C H R U V R O Z Q
C M Q R C C V K A Q S I

073

D C S S L Z I D S B W I
Z I O T D S G A N O D E
H K R Z J D O O F H Q H
T U T H Q D I Z A R R Q
T O C H Q D I O U T A A
V L F W E A F C Z N O P
R R C N L Q A A P C G U
P Q L A I Q L R K B Y A
H C S O S F J R A V D K
B G Q Q J C C U T I L R

074

V Q Q I N W C O O V A Z
C G I B A R L K X A A Y
J I L P U H J P B O J G
Q H B K C G S U B G N Z
W G V L C R C X F X T Z
C Y E F P W P V E S Q N
V E A N R Z A P E I Y G
Q Q D D W S I B G X R S
G Y O B U Z I L I X D P
A A Z I Z I N M A U M L

075

I F Q P H T S Z X S M F
D N B N I E K A D F L D
O G E A M L I B X S O E
L P A P M Z W D D P Y U
O V D I T R K I O I M S
Y Y O C W O Q E A Q O Z
B A M D A Q L L H L K G
N P D R S T M O O Z P F
N R S B X B A N U V E M
E X T R A B I B L I C O

076

V A R A R Q S I S M A I
X Q Q A M A R C A H P L
B K F R Z M A I N A Y S
O E G F I I I L N W V U
P O E F B W M P W G A J
S I G U E A L D V V K K
T K K K A O A U C E P O
Y K B F O Z T P R A H T
K I A Z F V C O A Z S O
I A O E Y V C L S K S Z

077

D Y N G N F I A N D W P
P C Z T J Z N D J P H A
M K E F G M T B S R O R
C E L X D A E A A E Z X
L O O U N T N X C F A Y
P T R I A S D A A I N Q
C M B Z T N E I R I O B
M X O E X C N O R K A X
N M Y T X B T K N W O H
A Q V A P M E I L L S J

078

V M C O G I B K C L V C
C H I L B I L M A L A E
B Q L T E K U M B V I U
L U V U C U M C A G V G
V B L G A D S J H A T U
Y S P H W Q M A E B J E
N C U S X D M Z W K D B
Z F O X Q O D O X O H D
Z E E S R P V J S O D I
Q I X Y N H O I Q V U N

079

T K E S C O R P I Ã O D
J O Z R E D X R G D J D
G B Z O E M G H Y L E N
K J Y G F M J Q B B S D
V C T N I G X X A U T Q
D K Y R Q B A D Z A I M
C Y N Y I I A B F C R I
O I B O D N J N U O I Z
R Z Q G A K J E U S Z A
N O M E N C L A T U R A

080

B Z S O T X C H A P O U
U I B G T M U J C D E M
N R N V K I A Z I X A P
C G K A I R X C L T X A
F Y S M Q C E S C R P N
B E R E F N S T A G A U
U F E M A Z O F A L S A
O M H C Q N E Y A V L H
F U N A J I H R Q S E M
B E N A D I N A D A B E

081

H A V K W D C E R A V N
Z Z G R J P B A E H P Y
F L I F M H N E X T T P
D N A G E A Z I B A J A
L E U A S N Y L G A A V
G B T L O A E S A W I Ê
A A B H B V I C F M Y S
M T V J A I G Y V W O B
X E H R I O Z L T R R W
P H R I A I S A R A I R

082

D E P R E C I A T I V O
F P N R I Z Z S A G E M
G C X G A E N T U N K E
I U R W Q B S A P S B N
X O E P W E U B V E M E
A C I Q L D N N S D E L
Q A H E A E K E A V O A
M K T J F C I R C F M U
Z E W E Y K R E J J A K
T A X C M G C D W Q I V

083

M D D B F M P I S O M W
T C S G W S I N R I H D
Z G I T Z R E Z I A H W
Q G K P T Q Z Z A P N P
I X O L I M P I A T T L
N A L E X A N D R I N O
J H S B D C W O H T J N
D N H E D I F U J R I U
W W Z V N E C D E A H A
G F K X Q E F O G M S B

084

P O Y K Q G A S O G E E
L Z L V S T B V Q B E M
X A W T U E S E I F R E
Z C X Y J H M X L O X E
A A Y C S H A Q H E L S
G R K L M P T N Q K M T
V I K O R I E S T E R E
A A D E U S U B N N B V
Q S Y R M O S J L E L Ã
T M B I Y R A C I B W O

085

E K L F P W E Z T L M T
R U Z A Z B R U E W C R
Z Z C L A U M D D W U J
F V A C X A A V L G B Y
D R E M A D G C A E O U
H R J P E P R Z S G S L
X U O I L I Y N F X O G
C P S P S U W B W N R S
E N A I D A M J U I Z O
A H L Z M R H J U Y N J

086

Q Y X O H J N U K U O Q
B W C O M U N I D A D E
I J L F D Y V I A L U L
C O N T E R R Â N E O J
Q S W V O E M B A Y P A
U K N G H C M W B H L E
C Q A L K C C S A Z M L
S I H I K H Y L L Z P C
T J A N F S H D L J A G
N V H A C P E N I E L I

087

W V W H N X W A B C X M
R V Y L A U Z A Y M S R
I H P Q H S P E G Q D A
S O D V U C T W T Q D B
Y R V Z A T Q E E A A Á
R D Q M Q T E K Z F N Y
Q A T H L S P H Y W T J
U N D O I W M I L C E L
U Y G A A I C A Z E R I
P U D E Z X W D M V U A

088

U M E T J R G E H I J S
C J J P O D R E P V I L
P B A H L P F P C A D F
P Z D I O N Y X G I S G
I U H P M G X S X E E A
G N B G J E C Y J O A S
A J Y X P M B X O F S A
B V U W L P V J P I G Q
E S R G W N A G C A J W
A G S B R D H U Y Y X E

089

W M F Y O U X I E T E Q
L Q A T O I L C P O K A
D J V L T V O S J L M S
Q T D K O O N W G H R S
W O B E N T G T K U R I
J L U T I J I S H A S R
A E N R E M T V I U B O
C V K T L T U V C A C Q
P S F Q D Y D S H A K Q
C M R Q Y K E S C U D O

090

F I M A L T R U I S M O
Q M N A I A B V O F G Y
G C L S B G I G M O C E
X N E U N Z W M F C U P
I A D V I S D S O Z G C
U U W T N U A B U T C A
I R O U N A G A I W E V
F F M G A F Y X D B R A
L H L Y O D V O E V L V
O O Q E Y U J P O V O S

091

C D S I I E Q G E J Z I
N O L Y D I A T L C E Q
X A M F T Z W E C L R O
E Ç C P X A D S K L L A
H Ã B O A B N I R S G B
K O C S M D L E K J B M
E U W Ô T I E K D E X E
K T O N L Z S C Z T P J
G U C I O V E R E B W F
L E J X F M R C V R H E

092

H A F O I T A M E N T E
W I S V X I W J W L T M
B J J A G S I Y R B Z I
W O H A R Ã M M B R A S
D L U C B I A H O L P Ã
H O Y N F Ç E U I L U L
N N X T I W O L C E A K
F N R B N X E A T O K R
Q P O X Q H L E Q N F E
T C B T T B I B K E X W

093

Q J B Z E K T Z P E C K
K Z E Ç Q J M S I G Q L
I D G B O J U D T Q W W
B W O O U V J D A E B X
P E N G B S A A G Z A C
I E C R O D F T O Z L C
L G E H J M K S R X C O
Á M A H D T I A A D W R
I J L D B G T H S A E V
C R U C I F I C A Ç Ã O

094

P S U C U S A L I L B I
Q C J H K P P C A Z I Z
G D Q K Z W E L Y Y I E
T N G E R K E F V D Q J
E J A C O T E V A H B E
T E A B N B V V M C I A
Q B U E I E N R Z E R I
D O R O B U S T E C E R
X A N N L H T O O V M T
P Q Y Ã Q I S E G A R P

095

U U T M V I F O Ã A K Y
K Z H U R B F R G D I M
Z A S D P C I L Y P Ã O
H A L L F P O I A P S A
E Q F E A D B R N L Y B
L R R Q I F U Y N L U E
E U I M B L E V E W B X
M B Y C J V E T M I T S
Y U O M Z A I U O U P L
U S W X E Z A U B C V T

096

W C U Y V B R C E D E I
L A P Ó S T O L O B O U
D H T Y D Z S O Q T M Y
D J H X I T T E N V N O
D I O R W A M O A S I P
Q R N Z V G A Á U R E O
R E P R E E N S Í V E L
G V Q C A I M A Y S I O
M A T E R I A L I S M O
W W M Z G H N B E R V M

097

X O V S M U Z S C K Q Z
P J R H P R D M O Z H A
K Y R A R E E F A L J E
I I E Y Z S I S W C T U
Z U J Y B P S M E T Y B
F B K F R A M V P N I B
V X A S A L O G G I A O
A Y I X S D Y I J M O S
H E M Â A A Q F T X F E
C O E N S R X U O K B S

098

F S W H H K U P D M K A
D Y G U J M R A N D Z H
V W Á A G U E O O I V T
M E L S J Z L L O G F I
I W I H H X W O N A I L
W D O U S D W L U A M O
P Q W Q L S O T A L E M
A S Y H O Z A I H E I M
X I M P U D I C Í C I A
R F Z P I U O K T U R Y

099

S W F P E M L C K B S J
L C F R J F Q A Y T U O
H F C V K E I R R O B R
J S R K I L U R V Y I N
I T E L I Z A B E T H A
J I K M A K Y T A L J L
B A E K M L N A N U I E
P R J P S C L N H O G I
F A Q C Y T O I V U V R
O S H W X J G S M R I O

100

P F D H R R I B M O T S
D P Y L S W Y A U Z U I
H Y Y F C K I M J I J Á
H A O E I Z W A Y L B A
O K W T I L D Z H P G T
I V R G M A E L H A E A
X C B F J E F T E R A R
C I S O X P Q H O Z D S
Z H J Y B C G X Q V A O
K W K M N P K L V M A S

101

A I G S O Y E M D A D X
B S K N A Z A R É Q H A
I A O E S U O R A R G C
M I K Z E N B N S R V O
E A N I X F S X J I R R
L F B A O J Z N B B T O
E F G S S Y M O Q L O M
Q U A L A L G V L A R T
U U Z Y B R A V F K P L
E B P Q Z L P K M P E Q

102

G V L C S D M G P C Q U
G Z Z O R U A W V X Z R
A C W P B R Y X T Y O O
A T X L I O J I F C D D
Z G E E W O X X R A D A
R O S N P B L A G T J M
V B T O A R C H C A I I
A W C Z O S G T O O Q M
V S N C X Z R I W R U J
E U Y X U C A R É A K B

103

Y C J X Z A A H H E H P
X U H T L S V A B D Ã O
X D V M Z J I O X F J R
I V R V W B D R M I M X
J N U G A X E F T É T R
B D T T W Z Z N M E B R
J R E B E W W A E R Y M
N B A V J A G C Y Y I T
G E S U R W M A N R A P
X Y Z Z G M X D R G D Z

104

A P N X T S T W M A A T
F G Q J G F Y Y D C I R
S A V U G N R S C A A X
A V T T E P O C T C T M
Q K N I W L M Z E I E A
D D B J A K A T M O M D
O C D D M Y O I U N Y A
F V D T Z P Q T M F C I
Y R Y P I V U L X U H A
Z E E H Y V E N G R E I

105

H J G S I V R K W C J Z
O I P A A O P E F B D I
Y N D U Z B A G B S O V
N A F T A H I J R A U H
R X J O A S K E R A F A
R I I R V X T B Q H H T
G B I Q I E O S H I Q U
N E P J Q K Z O R A H B
S E T R I X L Z Q E N Y
D V M C S W Z O N L R V

106

Y Y O E S D A X O X P R
N Z D U O B P M K D U R
G P F J L A Á H P S H L
F U L G S F S Q F A U A
O B Y T A Z C S U L P L
K P Y W O H O C C I I L
D C A F A G A G U M M M
Q N X I B Z O S X Q I Ã
W E E U Ã C A C P Z O N
L G R E G O S I S V P S

107

J E O T C Q A A O T X E
U O H P O É G T Z E C E
T T Z Z N J A T V E U J
S V V D C T O F E L M E
A F B N I L U I T L A C
D X H W D N M R Y U M E
E O W Z A T Y S W X A L
K J W W D M W S T S A I
D V S J Ã K C N D F T A
O M O I O T X V H H E S

108

Z O V F T C A V Z E D H
M Y F H L M M O N T E S
G M Q O U F P D B P E J
F O O H A T U S G F Z I
X G B A L A A J Z W B S
S Q B B W H G G Z B A D
V R H B L N K J E H L O
D N E A R I A S Y I N K
N F P C A R W H T I I O
Z Y T Z A C L S L Y S F

109

U	X	V	S	I	H	D	T	J	K	H	M
Z	Y	A	D	E	B	I	R	M	G	D	E
Z	L	G	C	X	K	Z	C	E	G	F	E
N	O	G	M	L	T	U	W	P	C	Z	K
K	N	H	S	F	P	E	X	B	O	H	E
Z	M	N	E	G	L	G	J	O	S	N	B
O	T	K	L	E	E	U	C	R	A	L	Y
K	Q	L	I	Z	N	D	I	I	E	H	H
B	I	T	Z	D	O	E	G	R	B	J	M
N	I	G	L	S	I	L	O	S	C	O	G

110

N	K	M	T	A	S	O	D	X	Z	I	L
L	R	H	L	Z	P	S	Q	Z	H	B	S
R	X	E	D	V	S	O	H	X	Y	I	U
S	S	P	X	I	W	D	G	U	U	R	M
O	R	A	B	E	J	O	A	N	Ã	R	R
R	E	P	V	C	T	I	F	S	A	D	J
X	D	A	R	Q	K	A	G	B	Q	I	B
G	T	R	B	A	L	S	A	L	Ú	S	A
S	A	T	X	G	T	U	R	B	A	R	Z
J	U	U	V	T	J	O	K	D	Z	X	A

111

C	Y	S	E	I	R	K	J	G	O	Z	Ã
G	R	W	P	D	W	A	S	E	Q	A	M
Z	E	S	S	G	O	I	F	V	Q	L	Y
W	V	M	T	N	K	I	E	U	D	M	Y
A	E	L	K	V	M	K	N	L	D	O	Z
G	L	Z	F	L	F	A	E	R	Ã	M	N
K	A	R	S	V	A	B	C	U	T	O	N
W	Ç	E	Q	Z	Z	E	E	G	U	I	Q
A	Ã	M	W	V	R	L	R	J	H	J	F
V	O	O	M	Z	M	F	A	R	B	S	P

112

B	W	B	N	M	L	R	U	F	O	B	U
S	N	E	N	R	G	F	J	K	C	F	E
L	E	Z	P	W	J	J	E	N	A	P	C
R	P	R	O	G	R	E	S	S	I	V	O
J	H	E	T	U	K	F	U	C	Z	I	A
F	G	G	D	Ã	W	R	A	N	Z	J	R
X	H	D	W	K	E	L	E	A	S	A	P
Z	S	D	C	B	E	B	B	N	S	Q	W
C	R	I	S	I	H	I	G	A	D	H	O
Q	Y	P	H	E	N	Y	B	W	F	X	K

113

G	R	A	K	A	D	B	R	A	A	C	Y
P	I	S	Q	V	F	I	K	B	X	Q	E
X	H	T	P	I	I	Z	E	D	J	U	O
S	Q	A	B	D	B	T	A	P	Q	L	V
O	D	G	B	B	P	A	I	E	E	W	T
V	Y	W	C	I	O	Z	R	N	H	B	O
M	L	P	F	B	U	O	G	J	A	I	Y
T	E	G	C	I	S	A	R	I	Z	B	H
G	A	L	I	M	I	Q	Q	U	F	G	M
K	D	L	G	R	O	Y	S	I	Q	M	U

114

I	Z	O	R	A	T	I	T	A	S	R	F
M	Y	T	I	N	H	Z	X	B	Q	Z	H
P	G	T	K	G	U	I	H	D	I	X	U
R	Q	E	F	E	N	A	Y	A	L	X	F
E	I	G	U	L	D	S	H	A	M	Z	A
C	R	F	O	A	S	N	G	V	H	F	H
A	A	C	C	A	D	O	E	N	S	M	W
Ç	W	O	W	M	M	A	L	A	D	S	N
Ã	X	Y	U	B	P	Y	P	P	C	I	Y
O	N	E	I	Q	V	A	Y	I	Z	N	S

115

T	P	V	E	V	R	Z	O	T	Q	G	K
Q	K	T	I	Q	V	W	N	X	M	H	V
C	W	U	A	U	W	F	Q	P	A	W	U
M	W	T	I	N	P	S	R	L	L	D	T
X	M	I	H	H	A	C	A	M	O	M	U
X	J	A	F	É	R	T	N	B	É	E	M
U	E	S	L	E	D	N	O	M	S	K	I
U	Y	E	L	V	I	W	D	T	W	E	M
T	A	O	U	L	M	S	U	H	E	D	J
Q	F	M	O	C	D	U	F	Y	L	R	J

116

S	P	L	T	U	H	Y	V	J	P	V	A
Z	L	E	T	A	O	F	A	I	E	Y	N
A	T	D	I	I	M	R	E	G	R	A	T
T	A	G	F	Y	A	N	U	T	Q	M	I
C	N	F	E	F	E	T	O	T	G	A	T
G	G	E	S	Ã	R	B	R	M	L	R	É
C	D	Q	J	O	V	L	O	N	J	F	T
V	Z	A	X	H	B	Z	U	F	E	O	I
Q	E	E	B	E	E	M	O	T	E	M	C
U	D	E	S	T	E	R	R	A	D	O	O

117

B	U	Q	L	Z	E	X	O	I	P	M	N
Y	D	S	S	W	A	N	T	S	P	A	Z
C	L	E	V	Y	G	C	A	H	G	O	P
I	F	M	K	M	U	I	E	B	Y	I	N
A	A	X	R	P	A	A	J	W	I	M	Q
C	L	H	V	S	I	E	R	E	I	S	O
J	V	H	L	E	J	X	D	P	W	C	M
F	Z	G	D	Q	O	O	Q	F	H	V	B
W	Q	U	A	B	E	D	L	N	L	Q	O
N	J	U	H	F	L	O	J	M	P	N	F

118

D	N	C	M	B	V	D	J	J	D	S	Y
A	A	O	O	Y	S	T	M	O	U	P	C
W	D	L	K	T	I	L	A	R	O	P	Q
A	I	Z	K	C	I	N	J	Z	P	N	U
K	R	J	F	E	Y	D	E	E	P	V	S
K	D	K	L	Q	L	E	I	K	P	Ó	U
S	X	L	B	N	U	I	I	A	M	K	R
D	C	Q	E	Z	Y	R	Y	A	N	A	A
W	M	X	I	T	Z	U	T	Q	V	O	I
B	E	S	T	I	A	L	I	D	A	D	E

119

F	X	S	S	U	N	Ã	O	B	K	Z	E
L	F	D	H	V	E	W	U	J	S	H	J
W	R	F	T	C	A	C	E	W	P	D	N
T	K	L	W	B	C	Q	D	T	W	F	J
I	X	K	A	Z	A	X	A	O	R	E	G
P	R	Z	J	Q	Ç	H	Q	R	T	R	G
T	C	P	E	O	A	S	B	O	A	Ã	D
F	X	W	E	R	P	O	B	R	L	B	U
I	X	P	J	E	Ç	O	L	I	A	O	E
C	Q	I	K	P	L	I	V	O	R	M	Y

120

A	S	B	D	J	X	G	T	M	I	O	B
A	O	F	W	X	L	A	M	E	L	F	S
H	Z	S	A	Y	I	L	T	Z	L	Y	K
D	V	I	Q	E	M	A	S	F	S	E	J
A	G	P	D	C	R	L	R	U	S	L	M
F	B	A	B	Q	A	P	W	V	E	M	E
S	C	A	N	B	F	X	Z	U	O	B	C
W	U	S	A	A	H	E	N	C	Q	R	D
N	R	N	F	Ç	O	E	S	T	E	R	E
Y	X	E	D	O	P	R	D	W	J	T	H

121

O D O N M M Q W S N O B
U T R T T A M E O N M M
N H R Z Q S J M N H J A
R D S X J Y I A M Z T G
V K G Y Y R R T S M M I
X P Q T D Z D K I U A A
H T O A F R E G A P B W
B S D Q F U L N W I E E
A A G Y A F E Z N M L F
H L P C Q Z A C S G T W

122

L L A R E V U R Q L Z U
F Y S U Z D Q K K O X T
A T C C O C E W L F K A
I A W B F H D B Z L K D
H U G Z N E U Z A B H E
I G B U N O A L Y L A U
O E R E A N R H D F O V
L B Y F E N D T B A I O
U I M M E C O P R A T A
V M F A L Q S D O V A O

123

Z O T E U X O P W A X M
X Q O M R A A N B I I W
R G H E Q S L A A C G O
Q A A Z R O N J I S X H
Z S L Y N E V S A T R I
T X A E D O N I M S A R
B H C H R I S T I A N E
Q I A O M A H Y P F U N
J U I Z A Q R W Y W I S
K Z Y M H L H D E V R D

124

W E B A L E Z A A C B I
W B B O O Q K F Q X D R
C U I G K A X S D U M M
T A L G N A N O U Z P H
D R R U X M R B R V X T
B L E E F Q P E J L J E
E R K T I J X S N D A A
A E B A L S O U O K Z T
W V Z B Z N P E H X N R
I Y J A X L Q F N I R O

125

Y F C I R B F K L E I L
L P U E L R N E S T I É
Y T B L A G F P M O D I
B E R W Y A O V K B Y A
S H S S A M E Q U E P U
F W H U C A C M E D O S
F D X W S C J M F E E A
D A C G Z Ã J U Y G S P
I F Q J S A K H H Y I I
A R Z W C Y C Z H X A G

126

Z B Z B Y L X S E S A L
J J T C I Y F Y R M U R
P C N A P A D K T Q C J
Z A M M L C X Ã S W V O
N A X M X U N Y C F G K
J C H C Y E D R A M D G
I Z T A Z K L I Q U B H
U Z X H E S E R R R S I
C L Y S X Q V U Q T H R
N U L G O M R U P A W A

127

O X Q C J X H N G K U G
T M U R A C U R E G O D
A W I B B Z N J V L A C
P A A T A R V E T X Y O
Z R V M I N E S V P G R
A J R A O D T I A F Y R
I T B G E B E O K G U E
Y E S R K S J E O P Q I
N P E K E E D F O Q I O
P B S R R W I I F D J P

128

T E B Q E X J R P R I I
I Z O R E A A U L R Z B
U E H B L Z H T Q G A Z
Y E L I O T I E A G Q L
B G U Z R L O M W L F J
G V C N A M W Q A F I V
E O I M U S Ã U K D P A
I V O B B F F O U H E O
U E F J T O R M I C L L
A M I H M H R Q L Y T Á

129

O X P I J C D L B A U U
V N S K E O M U D Q J T
Q H N J D N Z I F A C C
P F T U F C D W N C L J
K Z Q Z C I M G A B G K
A Z G M C T W A Y O J B
N T A A D A M A L R P P
W V A P U D E N S S Q C
U P S M U O S É I A S J
M W F U O X J I Y R J C

130

M A H X O M P J N U D C
E V V A A M S F A E A B
L O U V O R M A Z R R T
Q U E D V G S S L K B V
U N I M B I N A L W A E
I G Z N N R M Z Y B V X
R Y O H Z H P U I A S R
Ã U Q R W K S Y I R J G
O Q C O K O B N B A H U
X S L M Y T R Ó F I M O

131

W W H Y X R B O X C A V
M M Z O V K J R X Z C J
R A O J A S O M E G Â A
P T S K X Ã J Z M Q N N
H A Z J R Q Q G L O O G
E T N D I K O E S F N E
P A N H I X A L S I R L
G A C Y F Z B K Z R Y O
H D A L I T T S W S O H
P F H M P Z G G I A K R

132

E Ó Y D A E Z Y C H F F
N E R I N N P G I C F L
C F O I M N N A T O A F
A U Q N O I T Z O I A X
R D R F X N L Ã I I T F
N T S I H Q O O Z N E H
A C U F E F J L Z P R A
Ç Z E B U L O M M A L A
Ã N K W S Q V P I L O W
O Y A D J I I R F T U S

133

I E V A N G E L I S T A
J Y N H T W D M O B J C
E Q F Y S Z E J H O E F
O V U R M A Q U I J S M
R C M M B X C X O O E T
Ã Z A J G S O H X B D A
O G S I Q A V A A A E I
R M R S Z W J E E N U V
U S I I V E O E C C R Y
G B S Z Z S F U Z A X I

134

G U A U Y H L M Y A V H
G O Z N Y H M B O X R M
K L S O B V G T M J U V
H V F G H U I O R A U M
F X D Z S T T N N O G X
E S R E Z E X J A Z E L
X V E I B Y U M O B R T
N S S I Q N H Y N D L E
R S G S X K G B M O X O
E H N R Q O G N T C T G

135

S W B M I W X R C J F J
F S H I C O V L S K P O
J V R P A R G U T O W D
F U O H T G W Z J S C E
Q M B F T Y E I T C N C
A A T I S M C A R I N A
X R A J L I T V E H E N
F V N Z T O S L N M M I
Y D T T Z I D E O D Z Ã
F A E H P N Z T Y T N O

136

U S Y N Q S S F K B O C
C S C E J K Z L G K B U
D E U T E R O N Ô M I O
Y D O W O U H W F I L B
O C P E R T I N E N T E
F Q H L E O U F O I R S
A E N D E S A F E T O D
E S T A N H O W A T E R
S A K H W B C F C I U A
L J N I N K N H F J H S

137

G T H L B U N J E H G F
P M E H Z A Y C Y M A S
R Y V I M X R U V A Q B
I Y D E I C M I F R U N
Q J F P A D F Q O E I A
G X Z N M H S T X A S S
R I A X I R O I E S J A
Z I N N M Z V C N S N D
D S I V A S W W V A B E
X Q O I V F Y J A G R P

138

V A C X U L F B R S H N
T D S N A Q V D I E U L
Y V T S I I N A A S A O
W I I H E K D K F K T K
R R G I O A J K L A E E
A M W A W I H T A G L A
H U H C E F G M O H I N
N T Z M S W V L D D T O
V P O E E V D X I P E A
J K R U I G T D P S K P

139

H F G P M B A X W B I H
E R S F S R B Z L B Z Y
R A O A R D A O H Z N R
M D B L A X D R R O P G
Ó R Q U F L N A U D R H
G T S F A M V P V M I I
E J J R W R F A Z T A K
N P F E U Z W K R B U P
E I P T E X L O A V R Z
S G P Z Z L F Z J V D S

140

M E W E B X A L A M S C
E S U M S N A Y I K N Y
S E J I O L G I Z O N H
I N T J Y Z I Y V U E D
L S S U W A A B H Z J M
E O O Q C R S U I U W G
M Q I A E Y A A V A J K
I W F G E Z M C Q L P H
T A N U M E T E K B N D
E V P C W L X O F N I R

141

E E P M S K A I F M P Q
S J G G D I Z F U H O F
B I B P F M A E P A G Q
A L R A A F N M V W X G
F A T O R E J E T M I X
O F E L M V V W A Y N I
R A F I V W V J A S B R
I C H B H A U K S H S O
D E R A I C X Q B G W M
O D T R V Y O D L C D A

142

E B Q O T X M M U M U K
H B A D I R O A O E Q W
D A S T T B O M O U Y O
X X W J B J I K L N R B
S E R W O R H M V A J I
N Y F B D B A A Z X Y A
H S Z A I M O M H K J P
K M D I I T O T E Q O P
I A I A E J G J A S P E
H R M I F E O H D S E U

143

M T X M X R J S A A L P
A R C R U C I A L N B T
T P Z Q J F E V D D E I
S X V I A U C G U D S M
Á X W N Q P N G J T X P
J X J U M K B U A Q Z R
A A L A A A Z M O T T E
D A O E R I L T J P R C
M T P R T I B H Y R D A
Á P L D N U G H R P Q R

144

U E K J C K A H D C L X
J H M K Y H E L G A Z H
B A K A I B Z F X H V A
Z D A B I N K R Q Z O M
Q A F N A R O O A N N O
D M E I R L O T I I T H
I S S V Y W U U R V V I
H A Z V G Z Q K P V Z A
C A F I R A R J V U T I
U P O Z Z Y Q V S C J P

145

P D B Q L J H I A C U K
C Q I J M K É N O S I S
E A Z L C H I X O A O K
T A Z Z A P D M I F N U
R C X F A O A F F A P A
O L V R F C F L T T I A
L A U O C B E C A E A A
O R Z O E A Q E P S P N
Q A Y L Z B F A M E W Z
I Q O A H D P N O T I I

146

A P E R E M P T Ó R I O
S P R U U S N S O Q R Q
S U E H C P N C F X A M
U J W A C A C C A H S A
I S G C R U T I V E C B
Z S A F W L B F N Z Í B
S Z T B D O Z B W R V A
N Y W Q Á X H E U O E A
E G I N E E O D I M L C
A N N F A T C A R M Y A

147

S S D M U U L L N N I R
S X W L I P U U O A Q T
R L U U Q C Z R W T Á G
C N U V E I A M J Á S S
X T F J F W N L S P H I
S D K V I U E E J F O C
Y O E E R Z E F Y V S U
Z J E T E C S A M E R T
G K A P M G Z K R X N E
P Q U E Y H C H Q E E N

148

A W M P G B G H E N O C
D B W E H X W B Z W R E
B I F A P O X A E T J P
N K N Y A S F O S X G A
D D R A C O V W A Q F L
W W D X I R R E S A M A
V L J H E T Q S A M O S
L C G S H N A V Y R A P
M E F T F I S S D N C B
Y T F A U P V H A P R O

149

E S C A R N E C E D O R
P K H I T Q T O B W T V
N R V G P Q C A P I P A
O Q Y T I I Q U B V M H
M D M C L R F A Y E R A
A R J Ó A T L F T L S G
W W T T I U J Á U I B H
A A R O C Y N J A Q F I
C U F Á P A S T V K Z A
F Y M Q L A G A R R P I

150

H B M A M O M I C A I Z
B C N T M O M O G D P O
S L M X E J A R O A H X
P X C J Z M E N D M S A
U K Y E C F E P G I I W
X L B E K R Z R K B B R
R A V S A S I A Á C N W
J S Z D X B B R F R T E
H Q A C E C A K Q U I R
K V A B P S O F A R W O

151

T M V I H T L Q H G N J
U A J Y Y P N R W Y A O
N C A O C A H W M T K B
I R O J P D T S A T I S
N I L T T I D Y P S C A
R S A E I M W Y I X E C
A O E X B O E G S Y P R
N L D M H O G S Q P Y O
M A J A F A N M O S A X
D R F H W P B A W K Q N

152

B U S V N D B Z G G R X
I A Y R T X I P U I I F
D O A R B E M S Z A B C
F E S S E X D J A D A H
V V V R A E O J L Ã X X
J I G B X D I E J O G O
R S F C O R I N T I O S
X C R L U O T D F S H Y
C O N T R O V É R S I A
Z M Q A T D H J P G G A

153

P B T O G H Z H I P I G
J D H V H Y E Y E P W Y
S Y I Q Q H V R C R U R
S M I J E R D O E X I V
E I I G A J R A F S R E
M D F M Z T A T E A I L
I L S R A M C V T J F A
S A M E A M A S A V A S
P L N C C H B Y Z O P A
R H G M C X E Z G Z L V

154

E N C A N T A M E N T O
Z M C K N K N U E B C C
A H W L X H P M A X W I
G E Z C H V O S D B O T
E E D O D N J E X F B G
U C R U L E B P O L Q G
K V E P X I M V J K A I
N I A E Z A M Y K V R O
C N I C O G E A I S S M
C D A A D O N I R A N M

155

H U H O J H O O O D T C
A A C L E K C Q I Z P S
L S M N E P T P D B W H
E W B O H X J L X V T I
L A W A M Q W R T U T L
J D V W Y M G V Q H O D
U S E B A S T I A N A A
O U M P A X W L F U S M
I N D U M E N T Á R I A
L I T O S T R O T O S S

156

L Á Z A R O H S V R T L
P A S A N C W J A Q V X
A M J O R D W L E H Q B
D I Z G W T E P G J S R
A S M N D T A W U C U H
I O Z Z A A I P B G I M
A G Z T A N H U A U X I
S R S L A Y D I E D I U
I E E W Q C J L Y J W O
X S U K H I I D X S X H

157

M	A	B	P	I	L	E	I	A	C	W	K
K	U	N	R	K	M	I	J	O	É	R	K
V	O	X	I	E	L	O	A	S	L	P	E
W	Q	X	S	N	U	S	E	X	E	O	S
Z	C	H	B	I	L	E	A	X	R	G	R
W	T	A	P	B	P	R	C	L	E	Z	O
H	S	R	L	C	U	T	U	G	E	A	M
A	I	L	L	A	O	A	L	E	V	F	K
K	R	Q	L	I	T	E	N	E	Y	O	E
B	A	C	R	I	S	I	O	U	S	M	S

158

H	M	D	V	T	Y	A	Z	M	D	O	L
V	Z	A	W	P	O	P	O	X	W	L	T
U	G	I	B	N	Z	D	Z	K	C	I	O
L	U	M	A	I	X	B	I	Y	N	V	T
G	U	C	Z	M	T	E	K	A	I	E	O
Z	I	N	N	A	K	A	O	T	S	I	J
A	K	B	E	C	V	P	L	A	C	R	D
W	P	P	A	E	K	A	I	I	Z	A	H
O	V	Q	L	D	P	O	R	A	C	J	Z
H	L	X	Q	A	B	V	A	S	W	J	H

159

S	G	L	O	P	J	P	I	T	E	I	X
I	R	M	A	S	F	K	L	S	A	O	K
Q	S	H	G	I	S	C	L	F	R	A	C
Y	Y	P	A	R	J	W	T	D	N	N	A
Q	Z	S	A	O	K	P	J	Y	O	S	R
O	M	R	M	C	X	E	F	V	N	I	M
N	A	C	W	O	W	R	W	R	Q	B	I
S	X	L	Z	A	H	E	A	Z	O	H	A
K	H	P	E	A	G	Z	J	T	V	D	Q
Q	T	S	L	T	I	M	M	B	A	B	A

160

C	S	A	M	A	R	I	T	A	N	O	S
Y	G	F	A	T	S	S	S	D	T	O	E
S	M	S	A	U	D	X	B	W	K	N	N
Y	B	L	R	H	A	D	U	F	E	W	U
H	M	A	U	T	F	J	A	U	U	S	A
J	U	Z	U	T	N	T	R	N	Q	A	T
A	X	U	J	C	E	T	X	D	Y	R	Q
R	I	F	S	Z	M	S	X	A	R	E	D
Q	B	K	P	E	C	O	D	E	A	D	U
Y	X	Q	D	Z	Z	O	R	E	W	A	K

161

R	S	Q	A	Y	T	S	H	Z	P	A	G
H	E	L	E	Z	B	N	W	C	I	B	K
B	A	N	U	Y	I	O	E	V	N	Q	F
C	F	Q	B	B	E	H	I	K	R	A	Y
T	R	V	I	N	B	L	Y	B	A	J	M
G	F	Z	F	H	R	M	O	C	L	A	A
X	F	P	K	B	O	P	S	M	E	G	R
K	U	P	M	T	W	I	W	V	L	C	G
R	H	U	I	O	L	S	C	H	M	K	O
P	D	C	M	P	Q	U	E	D	A	A	T

162

W	C	O	X	E	A	R	H	I	Y	H	N
U	Y	I	X	Z	O	S	A	A	B	I	Z
T	T	P	O	K	Y	P	G	E	B	P	S
L	U	Y	A	J	O	W	Z	D	Y	A	M
F	P	A	L	U	S	F	Z	U	J	M	E
V	K	C	M	C	C	P	Y	I	K	C	R
S	Y	K	U	G	H	X	N	J	K	X	O
S	L	I	F	R	B	B	J	R	E	S	M
E	B	E	N	U	I	Z	I	E	P	E	N
A	U	S	N	Ã	O	M	E	C	P	P	I

QRCode website

instagram.com/editorapedaletra/

facebook.com/EdPeDaLetra/

www.editorapedaletra.com.br